URSULA ISBEL

Nacht über Uhlenau

EIN ROMANTIK-THRILLER

Schneider-Buch

1

Salzburg empfing mich mit seinem berühmten Schnürlregen, als ich aus dem Zug stieg, und brachte damit all meine Pläne durcheinander. Ich holte mein Fahrrad aus dem Gepäckwagen. Der Bahnbeamte, der es mir aushändigte, sah mein enttäuschtes Gesicht und sagte tröstend: „Es hört gleich wieder auf, Madl, das ist bloß ein Duscher."

Doch es war nicht nur ein „Duscher". Ein echter Salzburger Schnürlregen dauert schon seine Zeit, das hatte ich in einem Reiseführer gelesen. Ich schloß mein Fahrrad in der Bahnhofshalle an einen Pfosten, was vermutlich verboten war, ging in den Regen hinaus und nahm den Bus zur Altstadt.

Eigentlich hatte ich ja vorgehabt, gleich weiterzufahren. Nach meinen Berechnungen waren es mit dem Fahrrad etwa drei Stunden bis nach Uhlenau. Das hätte ich bequem bis zur Mittagszeit geschafft. „Und wenn es regnet, Julie?" hatte meine Mutter gesagt. Ich aber war sicher gewesen, daß es nicht regnen würde, wenn ich ins Salzkammergut fuhr.

Die Stadt sah hinter den Busfenstern trotz der Regenschleier wunderschön aus mit den schroffen Berghängen im Hintergrund, der Burg auf dem Hügel und den alten Häusern und Kirchtürmen zu beiden Seiten des Flusses.

Wir fuhren über die Staatsbrücke, und ich stieg aus, ging in die Altstadt und wanderte eine Weile durch die engen Gassen. Natürlich waren in der Getreidegasse trotz des Regenwetters und der frühen Vormittagsstunde Scharen von Touristen unterwegs, die in die Schaufenster der Andenkenläden sahen und nach Mozarts Geburtshaus suchten.

Der Trubel gefiel mir nicht. Ich ging rasch durch einen Arkadenhof, fand ein Café, das *Zum Kaffeehäferl* hieß, und bestellte mir einen „kleinen Braunen mit Schlag" und dazu ein Kipferl. Dann wartete ich darauf, daß es zu regnen aufhörte.

Während ich aus dem Fenster sah, dachte ich an Alf. Wieder einmal fragte ich mich, wie er wohl sein würde – ob er mir ähnlich war, und ob wir uns auch weiterhin so gut verstehen würden wie in unseren Briefen.

Es ist schon seltsam, dachte ich, mit sechzehn Jahren plötzlich einen älteren Bruder zu bekommen. Aber das stimmte natürlich nicht. Ich hatte schon immer einen Bruder gehabt, so lange ich lebte. Und trotzdem kannte ich ihn nicht – noch nicht.

Daß es ihn gab, irgendwo in Österreich, hatte ich längst gewußt. Früher aber hatte ich kaum einen Gedanken an ihn verschwendet. Er war für mich nicht mehr als ein entfernter Verwandter gewesen; jemand, mit dem man nichts gemeinsam hat als den Familiennamen.

Dann aber hatte Alf mir geschrieben. Das war vor einem Dreivierteljahr gewesen. Ich erinnerte mich noch genau an die ersten

Zeilen seines Briefes: „Liebe Julie, Du wunderst Dich sicher, daß ich Dir schreibe. Ich bin Dein Bruder; vielmehr Dein Halbbruder. Ich glaube nicht, daß Vater viel von mir gesprochen hat. Er kannte mich ja kaum und ist früh gestorben, als wir beide noch Kinder waren. Ich habe oft an Dich denken müssen, weißt Du. Es ist so seltsam, eine Schwester zu haben, die man nicht kennt . . ."

So hatten wir angefangen, uns zu schreiben, immer längere Briefe in immer kürzeren Abständen. Alf war plötzlich wichtig für mich geworden; jemand, dem ich alles anvertrauen konnte, mehr als meinen Freundinnen und meiner Mutter. Ich hatte ja sonst keine Geschwister.

Doch vielleicht, dachte ich, würde alles anders werden, wenn wir uns erst persönlich kennenlernten. Vielleicht mochten wir uns nicht, hatten uns falsche Vorstellungen voneinander gemacht.

Während ich aus dem Fenster des Cafés in den strömenden Regen sah, merkte ich, wie sich in meine freudige Erwartung auch etwas Angst mischte, daß dieses erste Treffen vielleicht enttäuschend ausfallen könnte.

Ich verschluckte mich beinahe an dem Kipferl und dachte: Zum Teufel, jetzt mache ich es schon wie Mutter, die hinter allem Neuen immer gleich ein Unheil oder eine Enttäuschung wittert! Dabei hatte ich mich so über Alfs Einladung gefreut.

„Es wäre prima, wenn Du in den Sommerferien zu uns nach Uhlenau kommen würdest", hatte er vor zwei Monaten geschrieben und fast entschuldigend hinzugefügt: „Aber erwarte bitte nicht zuviel. Es ist langweilig bei uns, wir haben wenig Abwechslung. Es gibt nur das Schloß, das Dorf, die Wälder und den See, eine Menge Touristen und ein einziges Kino, in dem schnulzige Heimatfilme gezeigt werden. Auf einem Schloß zu wohnen klingt sicher romantisch, aber in Wirklichkeit ist's vor allem ungemütlich . . ."

Trotz seiner Warnung stellte ich es mir romantisch vor, auf einem Schloß zu wohnen, auch wenn es „nur" ein Jagdschloß war. Und ein See und Wälder waren genau das, was ich mir für meine Ferien wünschte. Es klang, als hätte Alf mich ins Paradies eingeladen.

Daran änderten auch die Einwände meiner Mutter nichts, die düster gesagt hatte: „Er hat dich eingeladen, ja, aber wird dich seine Mutter dort haben wollen? Du mußt immerhin bedenken, daß dein Vater sie meinetwegen verlassen hat. Das ist zwar jetzt schon siebzehn Jahre her, aber trotzdem ... Sicher hegt sie noch einen alten Groll gegen uns. Überleg es dir genau, Julie!"

Doch für mich gab es nichts zu überlegen. Wenn Alfs Mutter mir gegenüber Vorurteile hatte, konnte ich ihr ja aus dem Weg gehen; und sicher hatte Alf ihre Erlaubnis eingeholt, ehe er mich gefragt hatte, ob ich kommen wollte. Außerdem waren das alles alte Geschichten, an denen ich keine Schuld trug.

Und ich war unabhängig. Ich konnte mich jederzeit auf mein Fahrrad schwingen und verschwinden, wenn es mir auf Uhlenau nicht gefiel. Ich hatte einen Plan der Jugendherbergen von ganz Österreich dabei und mein erspartes Geld gewechselt – insgesamt dreitausend Schillinge. Was konnte mir also schon passieren?

Der Regen ließ langsam nach. Ich zahlte, stand auf und ging zur Garderobe, um meinen Regenumhang zu holen. Neben dem Garderobenständer hing ein Spiegel. Ich sah hinein und fand, daß ich mit meinen grauen, etwas schräg gestellten Augen, den hohen Backenknochen und den nassen Locken wie eine verregnete Katze aussah.

Die Uhren von Salzburg schlugen zehn, als ich in den Bus stieg. Bei meiner Ankunft am Bahnhof regnete es wieder stärker. Ich zog den Reißverschluß meines Umhangs zu und setzte die Kapuze auf, nachdem ich meinen Rucksack an der Gepäckausgabe geholt und auf das Fahrrad geschnallt hatte.

Dann fuhr ich aus der regenverhangenen Stadt hinaus ins Salzkammergut; genau die Strecke, die ich auf meiner Landkarte angezeichnet hatte – nach Uhlenau, wo Alf auf mich wartete.

2

Als ich Uhlenau am Nachmittag erreichte, war ich so naß, als wäre ich mit dem Fahrrad mitten durch einen See gefahren. Es hatte auf der ganzen Strecke geregnet und regnete auch noch bei meiner Ankunft. Das Dorf, das zwischen bewaldeten Bergen lag, sah finster und trübselig aus. Die Wälder waren schwarz, und die Wolken hingen so tief, daß sie die Berggipfel verhüllten.

Ich radelte über den Marktplatz, wo ein Grüppchen Touristen wie begossene Pudel vor einem malerischen Gasthaus standen, bog hinter der Kirche nach rechts ab, wie Alf es mir beschrieben hatte, und fand ohne Schwierigkeit einen Waldpfad mit einem verwitterten Wegweiser, auf dem *Fußweg zum Uhlsee und Schloß Uhlenau* stand.

Im Wald war es ziemlich finster, es raschelte und tropfte und knackte. Ich fuhr wilde Schlangenlinien, um den Schlammpfützen auszuweichen. Der Wind heulte mir ungemütlich um die Ohren, und ich dachte, daß diese Gegend genau die richtige Kulisse für einen Horrorfilm abgegeben hätte – etwa *Das Spukschloß in Österreich* oder *Die Geister vom Uhlsee.* Und ich kicherte vor mich hin und fand das alles noch recht komisch, obwohl ich naß bis auf die Knochen war. Daß mir das Lachen bald vergehen sollte, ahnte ich zu diesem Zeitpunkt noch nicht.

Nachdem ich etwa eine Viertelstunde lang durch den Wald geradelt war, teilten sich die Bäume, und ein fast kreisrunder See mit dunkelgrauem Wasser tauchte vor mir auf, umgeben von Tannenwäldern und Berghängen. An seinen Ufern wuchs hohes Farnkraut, das im Wind wehte.

Das alles sah ich nur recht undeutlich, denn die Landschaft war von Regenschleiern verhangen, und das Wasser lief mir nur so übers Gesicht. So fuhr ich ein gutes Stück am See entlang, bis ich einen hellen Umriß zwischen den Bäumen schimmern sah.

Erst als ich näher kam, merkte ich, daß es ein Gebäude war, das am Berghang über dem See thronte wie ein Schloß im Märchenbuch: mit Zinnen und Erkern und Säulchen, Türmen und Türmchen, Verzierungen und Schnörkeln an allen Ecken.

Es sah aus, als hätte ein Zuckerbäcker hier seine kühnsten Träume verwirklicht. Ich starrte mit einer Mischung aus Bewunderung und Verblüffung auf das Schloß und war so in den Anblick versunken, daß ich mitten durch eine Schlammpfütze fuhr.

Das letzte Stück Weg war so steil, daß ich vom Fahrrad steigen und schieben mußte. Ich fragte mich gerade, ob es außer diesem felsigen Bergpfad nicht auch noch einen anderen, weniger mühseligen Weg zum Schloß gab, als eine helle, kreischende Stimme schrie: „Hände hoch, oder ich schieße!"

Ich blieb stehen, hielt mein Fahrrad krampfhaft fest, das fast auf einem glatten, ausgewaschenen Felsen abrutschte, und sah mich um. Zuerst bemerkte ich nichts als die dunklen, vor Nässe triefenden Tannen und Felsbrocken zu beiden Seiten des Weges, die von Waldreben, Farnkraut und Brombeerranken überwuchert waren. Das Schloß war hinter einer Wegbiegung verborgen.

Plötzlich raschelte es über mir im Dickicht, und auf einem felsigen Vorsprung erschien eine kleine Gestalt in einem roten Umhang und mit einer Kapuze.

Ein Zwerg! war mein erster Gedanke; und ich muß zugeben, daß ich erschrak.

Der Zwerg hob eine Spielzeugpistole, zielte damit auf mich und kreischte wieder: „Hände hoch, oder ich schieße, verdammt noch mal!"

Inzwischen war mir wieder eingefallen, daß es ja in Wirklichkeit keine Zwerge gibt. So sagte ich ganz gelassen: „Tut mir leid, aber ich muß mein Fahrrad festhalten. Hör mal, das ist doch der richtige Weg zum Schloß Uhlenau, oder?"

„Nein", erwiderte der Zwerg mit mürrischer Stimme, und ich merkte, daß er in Wahrheit ein kleines Mädchen mit vergißmeinnichtblauen Augen war. „Dieser Weg führt in die Burg eines

Menschenfressers, der furchtbaren Hunger hat. Er hat dich schon von weitem kommen sehen und will dich in Stücke zerteilen und am Spieß braten. Also verschwinde wieder von hier!"

Ich sah zu der Kleinen mit den vergißmeinnichtblauen Augen auf und merkte, daß mein Mund vor Erstaunen offenstand. „Na, du hast aber eine blühende Phantasie!" sagte ich schließlich, als ich mich wieder gefaßt hatte. Und sie kreischte noch einmal: „Verschwinde!" drehte sich um und rannte wie ein roter Blitz ins Dickicht zurück.

Ein paar Sekunden lang starrte ich ihr verblüfft nach. Dann schob ich kopfschüttelnd mein Fahrrad weiter den Berg hinauf. Als ich um die nächste Wegbiegung kam, sah ich das Schloß wieder vor mir. Unvermittelt teilten sich die schwarzen, tiefhängenden Wolken, und für einen flüchtigen Augenblick erschien die Sonne und tauchte das Schloß in grelles, seltsam unwirkliches Licht, so daß es einer Trickzeichnung aus Disneys Film *Cinderella* zum Verwechseln ähnlich sah.

Noch während ich auf das Schloß sah, tat sich eine mit Schnitzereien verzierte Tür auf, und ein junger Mann mit gelockten Haaren kam in den Schloßgarten. Er sah mich nicht sofort, denn ich stand unter einem Baum mit tiefhängenden Ästen. Doch ich sah ihn; und ich wußte sofort, wer er war.

„Alf!" sagte ich, aber er hörte mich nicht.

Erst als ich seinen Namen noch einmal lauter rief, sah er in meine Richtung. Ich lehnte mein Fahrrad an den Baumstamm und tat ein paar rasche Schritte, und er kam mir entgegen.

Das war der Augenblick, den ich mir oft ausgemalt hatte. Alf lächelte stumm, und ich lächelte zurück. Je näher wir uns kamen, um so mehr fiel mir die Ähnlichkeit zwischen ihm und mir auf.

Er hatte die gleichen ein wenig schräg gestellten Augen wie ich, nicht grau und auch nicht blau; wahrscheinlich wechselten sie die Farbe auch bei ihm je nach Stimmung, wie die Farbe des Meeres sich je nach dem Wetter verändert. Auch das Grübchen im rechten Mundwinkel, auf das ich insgeheim so stolz war, fehlte bei ihm nicht. Seine Haare lockten sich wie die meinen, doch sein Gesicht war schmaler, und irgend etwas daran – der Blick in seinen Augen oder ein Zug um seinen Mund – verriet eine Spur von Unruhe oder Besorgnis.

Wir standen voreinander, aufgeregt und ziemlich verlegen. Sekundenlang sagte keiner von uns ein Wort. Dann aber redeten wir beide gleichzeitig.

„Herrje, du bist ja naß bis auf die Haut!" murmelte Alf. Und ich sagte: „Wir sehen uns ziemlich ähnlich, glaube ich."

Darauf antworteten wir wieder fast im gleichen Atemzug. Ich sagte: „Es hat auf der ganzen Strecke geregnet". Und er: „Ja, ich glaube, ich hätte dich unter tausend Leuten erkannt."

„Ich dich auch", erwiderte ich.

Dann erst gaben wir uns die Hand. Alfs Händedruck gefiel mir; er war warm und fest, und ich spürte, daß er schmale und feingliedrige Finger hatte.

Wir gingen ein Stück des Weges zurück. Er nahm mein Fahrrad und schob es die letzte Wegstrecke bis zum Schloßgarten.

„Ist es nicht komisch?" fragte Alf und deutete mit einer Kopfbewegung auf das Schloß.

„Hm", sagte ich vorsichtig. „Ja, ziemlich. Magst du es denn nicht?"

„Nicht besonders. Ich würde viel lieber in einem stinknormalen Mietshaus wohnen, wo es Zentralheizung gibt. Ein Haus ohne zugige Korridore und klappernde Fensterläden und . . ." Er stockte und fügte kurz hinzu: „. . . und sonst noch so allerhand . . ."

Ich hörte ihm gern zu. Er sprach mit leicht österreichischer Klangfärbung, einem Akzent, der eigentlich fast bayrisch klang, und betonte das „k" ziemlich hart.

„In einem stinknormalen Mietshaus?" wiederholte ich. „Heiliger Strohsack, und wie viele Leute würden nur zu gern mit dir tauschen! Ich zum Beispiel."

Er sah mich von der Seite an. Irgend etwas in seinem Blick wußte ich nicht zu deuten. „Wart's ab", murmelte er und fügte nach kurzem Schweigen hinzu: „Wenn du erst mal ein paar Wochen in diesem Gemäuer verbracht hast, wirst du deine Meinung schon noch ändern."

Wir brachten mein Fahrrad in einem Seitengebäude unter, das Alf die alte Remise nannte, nahmen meinen Rucksack und gingen ums Schloß herum zu einer zweiten Tür, die offenbar der Haupteingang war, denn von hier aus führte eine breite, von Bäumen und Hecken gesäumte Auffahrt den Hügel hinunter.

Die rundbogige Doppeltür war überreich verziert, rechts und links standen kugelförmig beschnittene Lorbeerbäumchen in großen Kübeln auf den Treppenstufen, und ein riesiges Geweih war über dem Türbogen angebracht, das aussah, als würde es mindestens von einem Ur-Elch stammen.

Alf öffnete die Tür, und Modergeruch schlug uns entgegen. In der weitläufigen Schloßhalle war es kalt wie in einer Berggrotte und so dunkel, daß ich um ein Haar über eine Teppichkante stolperte.

„Vorsicht", sagte Alf. „Die schätzenswerten Altvorderen haben hier mehrere Menschenfallen aufgestellt, zum Beispiel die Truhe dort an der Treppe. An der haben sich schon Generationen die Schienbeine wundgeschlagen."

Ich sah weder die Truhe noch die Treppe, denn mein Blick war auf die Wand über dem offenen Kamin gerichtet, wo ein mächtiger Bärenkopf mit funkelnden Glasaugen und wild gefletschten Zähnen auf uns herabsah.

„Hat es hier in den Wäldern einmal Bären gegeben?" fragte ich.

Alf lachte. „Möglicherweise", sagte er. „Aber das da oben ist jedenfalls kein österreichischer Bär. Irgend jemand aus diesem Schloß war vor langer Zeit mal auf Großwildjagd und hat den Bärenkopf als Jagdtrophäe mitgebracht." Er schüttelte den Kopf. „Wirklich eine seltsame Sitte, seine Wände mit ausgestopften Tierleichen zu bepflastern!"

Das fand ich auch. Überall hingen Auerhähne, Eichhörnchen, Dachse, Füchse und Hasen, allerlei Vögel und anderes Tierzeug zwischen Hirsch- und Rehköpfen, und alle starrten mit ihren Glasaugen traurig oder grimmig vor sich hin.

„Ich nenne die Halle immer das Gruselkabinett", sagte Alf. „Komm jetzt, Julie, ich hab dir ein Zimmer ausgesucht, das nicht ganz so ungemütlich ist wie die anderen. Du mußt unbedingt trockene Sachen anziehen. In diesem Gemäuer fühlen sich Erkältungsbazillen nämlich so wohl wie Schwammerl im Wald."

Ich kicherte und ging hinter Alf her die breite, ausgetretene Steintreppe hinauf, triefend vor Nässe, aber glücklich. Ja, ich war richtig glücklich darüber, daß mein Bruder sich nicht als Enttäuschung entpuppt hatte. Er war ganz so, wie ich ihn mir vorgestellt und gewünscht hatte. Und als wir den ersten Treppenabsatz erreichten, wandte er sich um und sagte: „Ich bin so froh, daß du gekommen bist, Julie."

Ein warmes Gefühl durchrieselte mich. Ich wollte gerade den Mund auftun, um zu antworten, da erklang ein gräßliches Kichern im Treppenhaus. Es schien von überallher zu kommen. Es klang richtig unmenschlich, denn es hallte vielfach von den Wänden wider, brach sich an den steinernen Brüstungen, den Stuckdecken und den Fenstern aus buntem Glas.

Ich wich unwillkürlich gegen die Wand zurück. Alf lächelte – weshalb lächelte er nur? –, und mein Blick folgte dem seinen nach oben, zu den halbhohen Säulen aus Stein, die den Korridor der ersten Etage gegen das Treppenhaus absicherten.

Da stand, über die Brüstung gebeugt, „der Zwerg" – das kleine Mädchen im roten Umhang – und starrte mit einem wütenden Ausdruck in den vergißmeinnichtblauen Augen auf uns herab.

3

Während ich noch zu ihr aufsah, merkte ich plötzlich, wie sie sich weiter vorbeugte und die Lippen spitzte. Blitzschnell erriet ich ihre Absicht und trat einen Schritt zur Seite. Im gleichen Augenblick spuckte sie.

Wäre ich auf der gleichen Stelle stehengeblieben, hätte sie mich unweigerlich getroffen. So aber klatschte die Spucke dicht neben mir auf den Steinboden. Ich war zu verblüfft, um ein Wort zu sagen, doch Alf schrie: „Alice, du verdammte kleine Kröte! Wenn du das noch einmal machst, versohle ich dir das Hinterteil, ich schwör's dir!"

Sie kreischte mit gellender Stimme zurück: „Versuch's doch, versuch's doch, dann sag ich's dem Papa, und überhaupt, dazu mußt du mich erst mal erwischen!"

Ihr Gesicht verschwand von der Brüstung, und wir hörten das Klappern ihrer Schuhsohlen auf dem Boden des Korridors; laut zuerst, dann leiser, bis es irgendwo im Schloß verklang.

„Verdammte Kröte!" wiederholte Alf halb lachend, halb zornig.

Ich schluckte. „Wer ist sie?" fragte ich.

„Meine Schwester", sagte er, und als ich ihn verständnislos ansah, fügte er hinzu: „Sie ist meine Halbschwester, genau wie du. Meine Mutter hat ja wieder geheiratet, und aus dieser zweiten Ehe stammt Alice."

„Ach so", erwiderte ich schwach. „Du hast nie etwas von ihr geschrieben."

Er nahm meinen Rucksack wieder auf, und wir gingen weiter. „Wahrscheinlich hab ich einfach vergessen, sie zu erwähnen", sagte er. „Sie ist so viel jünger als ich, daß ich eigentlich nichts mit ihr anfangen kann. Außerdem ... Na ja, du hast sie ja eben selbst kennengelernt."

„Ich bin ihr zuerst schon im Wald begegnet und hätte sie beinahe für einen Zwerg gehalten", sagte ich.

„Kein Wunder mit dem roten Umhang. Aber kümmere dich nicht um Alice. Sie ist wahrscheinlich eifersüchtig auf dich."

Eifersüchtig? dachte ich. Auf mich? Aber wieso denn? Doch noch ehe ich weitere Fragen stellen konnte, erreichten wir eine Tür auf der rechten Seite eines langen Korridors, und Alf stellte meinen Rucksack ab, öffnete und sagte: „Hoffentlich gefällt es dir."

Das, was er vorher als „das am wenigsten ungemütliche Zimmer" bezeichnet hatte, war ein wunderschöner, großer Raum mit glänzendem Parkettboden, stuckverzierter Decke, alten Schränken und

Truhen, einem Spinnrad und einem Bauernbett, das mit flammenden Herzen und Blumensträußen bemalt war. Hinter den Fenstern sah ich Berggipfel und Tannenwälder, die zum Teil von grauen Wolken verhüllt waren, und tief unten den Uhlsee wie das dunkle Auge eines Riesen.

„Schön ist das!" sagte ich atemlos.

Alf schien sich über meine Begeisterung zu freuen. „Das Badezimmer ist am Ende des Korridors", erklärte er. „Schon eine längere Wanderung, leider. Wenn du nachts öfter mal raus mußt, würde ich dir einen Nachttopf empfehlen. Davon haben wir ungefähr zwei Dutzend."

Er sagte das so ernsthaft, daß ich einen Moment lang ganz verwirrt war. Dann brachen wir beide in Gelächter aus. „Und wo ist dein Zimmer?" fragte ich, als wir uns wieder beruhigt hatten.

„Schräg gegenüber, ein paar Türen weiter. Ich zeig es dir später, aber sag erst mal, ob du Hunger hast. Das Mittagessen ist ja schon vorbei, aber ich kann dir etwas aus der Küche holen."

„O ja, bitte!" sagte ich. „Ich hab in Salzburg nur ein Kipferl gegessen, und beim Radfahren bekomme ich immer einen Riesenappetit, wenn ich ehrlich sein soll."

„Und was magst du? Käse oder Speckwurst oder Schinken, oder vielleicht Schmalznudeln?"

„Alles", sagte ich.

Alf verschwand grinsend, und ich öffnete meinen Rucksack. Zum Glück war er wetterfest, und meine Kleidungsstücke waren trocken geblieben. Rasch schlüpfte ich aus den nassen Sachen, frottierte mich ab und beeilte mich, mein zweites Paar Jeans und ein Hemd anzuziehen, da es nicht gerade warm im Zimmer war. Als ich auch noch Wollsocken und einen dicken Pulli übergestreift hatte, war mir wieder wohler.

Von Alf war noch nichts zu hören. Wahrscheinlich dauerte es eine Weile, bis er durch das Labyrinth des Schlosses in die Küchengefilde und wieder zurück kam. Ich kauerte mich auf das Fenstersims, sah auf den See und die Bergwälder nieder und dachte: Herrje, bin ich ein Glückspilz! Da sitze ich jetzt in einem Schloß und werde hier fünf Wochen Ferien mit meinem Bruder verbringen. Und das alles passiert ausgerechnet mir, Julie Heller aus Freiburg im Breisgau . . .

Plötzlich erklang ein klatschendes Geräusch, und dann eine Art Klirren. Dann herrschte wieder Stille. Offenbar hatte jemand etwas fallen lassen. Es hatte geklungen, als käme der Lärm aus dem Nebenzimmer.

Ich hielt den Atem an und lauschte. Nichts. Kein Laut war mehr zu hören als das eintönige Plätschern des Regens.

Gleich darauf näherten sich Schritte über den Korridor. Die Tür tat sich auf, und Alf kam mit einem voll beladenen Tablett ins Zimmer.

„Alf“, sagte ich, während ich vom Fenstersims rutschte, „wer wohnt im Zimmer nebenan?“

„Nebenan?“ wiederholte er. „Oh, niemand. Außer uns beiden wohnt überhaupt keiner in diesem Seitenflügel.“

„Dann macht vielleicht gerade jemand die Zimmer sauber.“ Ich sah Alfs fragenden Blick und fügte hinzu: „Ich habe nämlich vor kurzem ein Geräusch gehört. Jemand muß etwas fallen gelassen haben – eine Vase oder so. Es klang, als wäre es direkt nebenan gewesen.“

Alf hob den Kopf und sah mich an. Sein Blick kam mir seltsam vor. Etwas wie Furcht lag darin, oder auch Vorsicht; vielleicht beides. Er stellte das Tablett ab, ging wortlos aus dem Zimmer und ließ die Tür hinter sich offen.

Ich folgte ihm langsam und zögernd. Alf ging auf die Tür zu, die links neben der meinen war, öffnete sie und trat ins Zimmer. Ich blieb auf der Schwelle stehen.

Zuerst sah ich gar nichts, weil Alf vor mir stand und mir die Sicht verdeckte. Ich hörte nur, wie er scharf den Atem einzog. Dann ging er ein paar Schritte weiter ins Zimmer, und als ich ihm mit den Blicken folgte, sah ich, daß in der Ecke ein zierlicher runder Tisch mit einem gedrechselten Mittelfuß stand. Auf dem Tischchen saß eine wunderschöne alte Porzellanpuppe im weißen Spitzenkleid, mit großen dunklen Augen und glänzenden Locken unter einem Strohhäubchen. Sie war bezaubernd, ein richtiges Prachtstück fürs Puppenmuseum. Doch es war nicht diese Puppe, die Alfs Aufmerksamkeit erregt hatte.

Am Fuß des Tisches, auf dem Parkett, lag eine zweite Puppe. Sie war in Stücke zerbrochen. Ein Ärmchen war bis in die Mitte des Zimmers gerollt. Der Kopf mit der zerschmetterten Nase lag ein Stück weiter auf dem Teppich. Der Körper steckte in einem blauen Samtkleid, das den Schaden verdeckte. Ein Beinchen war hilflos in die Luft gereckt, das andere war völlig zerbrochen.

„Verdammt!“ hörte ich Alf mit zitternder Stimme sagen.

Ich verstand nicht ganz, weshalb er so aufgeregt war. Sicher war es schade um die Puppe. Sie war vermutlich eine Menge Geld wert. Trotzdem hatte ich das Gefühl, daß er gar nicht an ihren Wert dachte. Etwas anderes schien hinter seiner Erregung zu stecken.

Ich sagte: „Wahrscheinlich war jemand hier, um sauberzumachen, und hat die Puppe dabei vom Tisch gestoßen.“

Alf wandte sich zu mir um. Sein Gesicht wirkte verschlossen.

„Nein“, erwiderte er. „Eine Frau aus dem Dorf kommt jeden ersten Montag im Monat, um die Zimmer hier oben sauberzumachen. Sie ist erst vor einer Woche hier gewesen.“ Er stockte. „Aber es ist nicht so wichtig.“

Ich sagte nichts, obwohl ich ihm nicht glaubte, daß es nicht wichtig war. Wir gingen wieder aus dem Zimmer und schlossen die Tür hinter uns, und Alf fügte hinzu: „Tante Lily wird sich nicht gerade freuen, wenn sie kommt. Sie sammelt nämlich alte Puppen, und die kleine blaue hier hatte sie besonders gern.“

„Aber wer könnte es denn gewesen sein?“ fragte ich. „Ich war ja während der letzten Viertelstunde hier und habe auf dich gewartet. Dabei habe ich niemanden kommen oder gehen hören. Ich habe nur deine Schritte gehört, als du zurückgekommen bist!“

Alf schwieg eine Weile. Als wir wieder in meinem Zimmer waren, sagte er leichthin: „Nicht jeder hat so einen Trampelgang wie ich. Iß jetzt, Julie, du hast doch gesagt, daß du hungrig bist!"

Ich setzte mich an den Tisch, begann mit größtem Appetit zu essen und trank von der Milch, die fast wie reine Sahne schmeckte. Dabei unterhielten wir uns über belanglose Dinge. Die zerbrochene Puppe erwähnten wir nicht mehr.

Und doch hatte ich seit dem Vorfall das unerklärliche Gefühl, daß etwas zwischen uns stand. Alf kam mir plötzlich geistesabwesend und verschlossen vor. Ich fragte mich unwillkürlich, ob ich etwas falsch gemacht hatte. Ich hätte gern mit ihm darüber gesprochen, doch für eine solche Offenheit waren wir noch nicht vertraut genug.

Während ich noch darüber nachdachte, fiel mir plötzlich ein, daß mein Bruder womöglich glaubte, ich könnte die Puppe vom Tisch gestoßen haben. Vielleicht meinte er, ich sei während seiner Abwesenheit ins Nebenzimmer gegangen, um mich dort umzusehen, und dabei wäre dann das Mißgeschick passiert.

Der Bissen blieb mir fast im Hals stecken. Ich sah Alf an, wie er da im Lehnsessel kauerte, die Füße hochgezogen und im Lotossitz gekreuzt. Sollte ich ihn einfach geradeheraus fragen, ob er mich verdächtigte? Aber hätte das nicht fast schon wie ein Schuldgeständnis ausgesehen?

Mir wurde heiß, und das Essen schmeckte mir plötzlich nicht mehr. Ich stellte alles wieder aufs Tablett und vermied es dabei, meinen Bruder anzusehen.

Die Freude über meine Ankunft war verflogen.

4

Während der folgenden Stunden gab ich mir Mühe, den Vorfall mit der Puppe zu vergessen, doch es gelang mir nicht recht. Alf führte mich durchs Schloß. Er zeigte mir den Jagdsaal mit einer Waffensammlung, die in ganz Österreich berühmt ist. Dann führte er mich ins Musikzimmer, in die Bibliothek und in den Wintergarten mit den altmodischen Korbmöbeln und den exotischen Pflanzen. Ich sah das sogenannte „Königszimmer“, in dem einst Kaiser Franz Josef während einer Jagdpartie übernachtet hatte, und schließlich noch den Ballsaal mit den Seidentapeten und den hohen Glastüren, die sich zum Garten hin öffneten.

„Der Ballsaal ist erst später ausgebaut worden, als Uhlenau das ganze Jahr über bewohnt wurde“, erklärte Alf. „Ursprünglich war Uhlenau nämlich nur ein Jagdschloß, das nicht mehr als höchstens drei Monate im Jahr benutzt wurde. Dann ist die Familie meines Stiefvaters verarmt und mußte nach und nach alle Güter und das Stammschloß verkaufen. So ist nur noch Uhlenau übriggeblieben, und die Familie ist ganz hierhergezogen. Wir haben sonst nur noch eine Stadtwohnung in Wien, weil Karl-Ferdinand – das ist der zweite Mann meiner Mutter, weißt du – dort im diplomatischen Dienst arbeitet.“

Ich fand das Wort „nur“ etwas unpassend, denn wer hat sonst schon ein Schloß auf dem Land und eine Wohnung in der Stadt?

„Bist du oft in Wien?“ fragte ich.

„Selten“, erwiderte er. „Du weißt ja, ich gehe hier in der Nähe aufs Gymnasium, also kann ich während des Schuljahres sowieso nur selten weg. Und in den Ferien hab ich auch keine Lust, ausgerechnet nach Wien zu fahren. Die Stadt gefällt mir nicht besonders, und zu meinem Stiefvater habe ich kein allzu gutes Verhältnis.“

Eine Weile gingen wir schweigend durch einen langen Flur mit vielen Bildern an den Wänden, die Jagdszenen zeigten. Allein schon die Bilder mußten ein Vermögen wert sein. Sie hätten in jedes Museum gepaßt.

„Und deine Mutter?“ fragte ich. „Ist sie zur Zeit in Wien?“

Alf schüttelte den Kopf. „Nein, sie ist hier. Du wirst sie dann gleich kennenlernen. Nur . . .“

Er stockte, und ich dachte: Jetzt kommt’s, was meine Mutter mir prophezeit hat: Alf wird mich darauf vorbereiten, daß sie mich eigentlich nicht hier haben will.

Doch er sagte etwas ganz anderes. „Nur wundere dich nicht, wenn sie dir ein bißchen ... na ja, ein bißchen seltsam vorkommt."

Er sah meinen erstaunten Blick und lachte leise. „Nein, nicht was du denkst! Ich meine, sie schwebt meistens ein bißchen in anderen Sphären, wie man so sagt. Mama schreibt nämlich Gedichte und Novellen, und ... Ach, ich nehme an, alle Künstler sind leicht verdreht."

Da ich selbst noch keinen Künstler persönlich kannte, konnte ich dazu weiter nichts sagen. Ich folgte Alf nur stumm und mit einigem Unbehagen über eine Treppe, um zwei Mauervorsprünge herum und zu einer bemalten Tür, hinter der Schreibmaschinengeklapper erklang.

Alf klopfte an, doch das Geklapper brach nicht ab. Erst als er noch zweimal ziemlich energisch geklopft hatte, rief eine Stimme: „Ja, ja, herein!"

Wir traten in ein großes Zimmer, das mit kostbaren alten Möbeln und Kleinigkeiten überladen war. Es duftete stark nach Parfum. Eine Frau saß an einem Schreibtisch zwischen zwei Fenstern und drehte sich bei unserem Eintritt um.

Sie hatte blondes Haar, das ihr in kleinen Löckchen bis auf die Schultern fiel, ein zartes Gesicht und porzellanblaue Augen. Sie erinnerte mich an einen Rauschgoldengel, mit dem wir früher die Spitze unseres Weihnachtsbaumes geschmückt hatten. Ihr gelbes Chiffonkleid mit dem plissierten Rock unterstrich diesen Eindruck noch.

„Mama", sagte Alf, „das ist Julie."

Frau von Uhlenau sah mich freundlich, aber ziemlich geistesabwesend an. Es war fast, als würde sie mich gar nicht richtig wahrnehmen, so gedankenverloren wirkte ihr Blick.

„Das ist aber eine Freud', daß du uns besuchen gekommen bist, Elfie", sagte sie in schleppendem, für meinen Geschmack etwas zu zuckersüßem Wiener Akzent. „Du bist ja wirklich ein herziges Madl, und ganz der Papa!"

„Ich heiße Julie", sagte ich.

„Oh, ja so, wie das Fräulein Julie vom Strindberg, net? Also, ich hoffe, der Alf wird sich drum kümmern, daß es dir hier nicht zu fad wird. Ein bisserl langweilig ist das Landleben ja schon, ich halt's hier nie länger als drei Wochen aus, dann muß ich wieder in die Wiener Stadt!"

„Ich lebe sowieso das ganze Jahr über in der Stadt. Ich find's auf dem Land viel schöner", sagte ich. „Übrigens vielen Dank für die Einladung, Frau von ..." Ich stockte. „... Frau von Uhlenau", vervollständigte ich.

Sie nickte gedankenverloren. „Aber nix zu danken, liebes Kinderl! Und nenn mich Nina, gell? Wir wollen doch net so förmlich miteinander sein – schließlich sind wir ja fast ein bisserl verwandt, wo der Alf doch dein Halbbruder ist! Ähnlich seht ihr euch ja, das muß ich schon sagen."

Sie ordnete die Falten ihres Kleides, und ich nickte ein wenig verwirrt und konnte mir nicht vorstellen, wie ich zu dieser Frau jemals „Nina" sagen sollte. Immerhin war ich erleichtert, daß sie offenbar keinerlei Vorurteile gegen mich hatte.

„Übrigens, Mama", sagte Alf, „eine von Tante Lilys Puppen ist zerbrochen. Sie muß irgendwie vom Tisch gefallen sein."

Ich erschrak. Wenn Alf jetzt den Hergang der Sache schilderte, konnte es doch passieren, daß seine Mutter glaubte, daß ich die Puppe zerbrochen hatte! Unbehaglich starrte ich auf eine kleine Porzellanfigur, die zwischen Papieren und Büchern auf dem Schreibtisch stand, aber Frau von Uhlenau erwiderte nur in schleppendem Ton: „Ach, wirklich? So eine unangenehme G'schicht!" Und die Art, wie sie es sagte, verriet, daß sie gar nicht richtig zugehört hatte.

Ich sah Alf von der Seite an und merkte, daß er noch etwas sagen wollte. Doch dann biß er sich auf die Unterlippe und schwieg.

Seine Mutter wandte sich wieder an mich. „Ja, meine liebe Lucy", sagte sie (sie hatte meinen Namen schon wieder vergessen), „ich hoffe, daß du dich gut amüsierst bei uns. Ich freue mich ja auch für den Alf, daß du da bist; dann ist's wenigstens nimmer so fad für ihn." Sie lächelte und fügte hinzu: „Und jetzt müßt's mich leider wieder allein lassen, Herzerl, weil ich arbeiten muß."

Wir verschwanden gehorsam aus dem Zimmer, und draußen auf dem Korridor murmelte Alf: „Früher war ich ganz froh, daß Mama mit den Gedanken immer woanders ist, weißt du. Wenn ich irgend etwas ausgefressen hatte, und eins der Hausmädchen hat sich über mich beklagt, hat sie nie richtig zugehört. Aber jetzt wäre es mir schon manchmal lieber, wenn sie sich mehr für das interessieren würde, was ich ihr sage. Vor allem, weil ..." Er stockte und vollendete den Satz nicht.

Ich dachte daran, wie seine Mutter mich zweimal mit einem falschen Vornamen angeredet hatte, und nickte. „Ja", erwiderte ich, „ich verstehe dich schon. Wie macht sie's denn mit dem ... mit deiner kleinen Schwester?"

Alf lachte. „Mit Alice? Da ist's noch ärger. Und Alice versucht immer noch, Mama dazu zu bringen, daß sie mehr auf sie achtet. Kürzlich hat sie zum Beispiel am Eßtisch in ganz alltäglichem Ton gesagt: ‚Mama, jetzt schmeiß ich den Braten mitsamt der Soße auf den Boden!' Und meine Mutter hat ganz freundlich, aber geistesabwesend erwidert: ‚Ja, mein Schatzerl, wie schön für dich!'"

Ich kicherte heftig. „Und dann hat Alice den Braten mitsamt der Soße auf den Boden geworfen?"

„Ja", bestätigte Alf. Auch in seinen Augen stand ein Lachen. Ich merkte, wie die Spannung, die ich seit dem Vorfall mit der Puppe zwischen uns gespürt hatte, sich löste. „Das klingt natürlich recht lustig und auch ein bißchen bösartig, aber in Wirklichkeit war es wohl ein Versuch von Alice, sich die Aufmerksamkeit und die Liebe zu verschaffen, die sie vermißt", fügte er hinzu.

Ich dachte daran, wie der Zwerg im Treppenhaus auf mich heruntergespuckt hatte, und fand, daß es sympathischere Möglichkeiten gibt, die Aufmerksamkeit seiner Mitmenschen zu erregen.

„Aber natürlich", sagte mein Bruder, „macht sie sich dadurch nur unbeliebt."

Draußen war es dunkel geworden. Alf drehte an einem Lichtschalter, und im Treppenhaus des Schlosses flammten viele alte Kutscherlampen auf. Wir wanderten wieder nach oben. Weil Alf sagte, daß in ungefähr einer Viertelstunde zu Abend gegessen würde, trennten wir uns. Ich ging erst ins Badezimmer, um mir die Hände zu waschen, und dann in mein Zimmer.

Dämmerlicht herrschte im Raum. Hinter den Fenstern wirkten die Berghänge fast schwarz in der Abenddämmerung. Dazwischen hing der Mond. Er glänzte silbern auf dem See; doch wenn die Wolkenschwaden darüber hinwegzogen, war alles in graue Düsternis gehüllt. Die Landschaft wirkte im wechselnden Licht wie die Kulisse einer Märchenoper, verzaubert und fast unheilvoll.

Doch als ich Licht im Zimmer machte, war von der Mondlandschaft nichts mehr zu sehen. Ich wandte mich vom Fenster ab und bürstete meine Haare, die inzwischen wieder trocken waren und sich wie bei einem Pudel lockten. Wenig später erklang der Gong zum Abendessen.

Wir unterhielten uns noch lange an diesem Abend, mein Bruder und ich. Über sein und mein Leben; es gab soviel zu erzählen. Er wollte wissen, wie unser Vater gewesen war, denn er hatte keine Erinnerung an ihn. Seine Eltern hatten sich ja getrennt, als Alf kaum ein Jahr alt war. Ich konnte ihm allerdings auch nur wenig sagen. Vater war gestorben, als ich noch ein Kind war. Ich erinnerte mich nur, daß er sehr groß gewesen war, eine sanfte Stimme gehabt hatte und mich immer „Knöpfchen“ nannte.

„Weil ich klein und stämmig war und kugelrunde Augen hatte“, erklärte ich. „Kannst du dir das vorstellen?“

„Nein!“ Alf lachte. „Für ein Mädchen bist du sogar ziemlich groß, und daß deine Augen einmal kugelrund gewesen sein sollen, kann ich nicht glauben. Ich finde, du hast Augen wie eine Katze.“

„Falsch wie eine Katze?“ fragte ich halb im Scherz; doch ich mußte dabei an die Puppe denken.

„Nein“, sagte er. „Falsch nicht. Aber es ist manchmal schwer, zu erraten, was du denkst, glaube ich.“

„Ist das nicht immer so, wenn man sich noch nicht richtig kennt?“ fragte ich. „Ich könnte das gleiche von dir behaupten.“

5

Gegen elf Uhr sagten wir einander gute Nacht und gingen schlafen. Ich war müde nach dem ereignisreichen Tag und der langen Radtour, und kaum lag mein Kopf auf dem Kissen, schlief ich auch schon ein.

Dann träumte ich eine Menge wirres Zeug, daran erinnere ich mich genau. Denn eine ganze Weile hielt ich das Klopfen an der Tür für einen Teil meiner Träume.

Doch schließlich erwachte ich. Wie spät es war, wußte ich nicht. Es war sehr dunkel im Zimmer, mein Herz pochte wild, und jemand klopfte an die Tür.

Es dauerte einige Zeit, bis ich mich zurechtfand und begriff, wo ich war. Nicht zu Hause in meinem Bett, sondern bei meinem Bruder, auf Schloß Uhlenau. Und mitten in der Nacht stand jemand vor meiner Zimmertür und klopfte an.

Es war kein lautes Klopfen, doch auch nicht leise, aber eindringlich und fordernd. Mein erster Gedanke war, daß es Alf wäre; daß irgend etwas passiert sein mußte, und daß er meine Hilfe brauchte.

Ich tastete nach der Nachttischlampe, fand sie aber nicht sofort. Währenddessen erklang ständig das Klopfen an der Tür. Endlich hatte ich Licht gemacht, kroch aus dem Bett und tappte zur Tür. Angst hatte ich nicht – ich dachte ja, daß es nur Alf sein könnte. Ich war nur etwas beunruhigt.

Ich öffnete und sagte dabei in fragendem Ton: „Alf?"

Doch niemand stand vor der Tür. Verblüfft sah ich auf den Korridor hinaus. Der schwache Lichtschein aus meinem Zimmer erhellte ein halbkreisförmiges Stück des Parkettbodens vor der Schwelle.

Da war niemand, und alles war still. Ich hörte keinen Laut, bemerkte keine Bewegung, keinen Schatten.

Eine Weile wartete ich. Dann trat ich zurück und schloß die Tür wieder. Während ich noch da stand, suchte ich nach einer Erklärung für dieses seltsame Vorkommnis. Vielleicht war Alf wirklich an meiner Tür gewesen, hatte geklopft und gewartet und war dann wieder in sein Zimmer gegangen, weil er gedacht hatte, ich schliefe fest. Es war wohl am besten, wenn ich selbst zu ihm ging und ihn fragte. Ich wußte ja inzwischen, wo sein Zimmer war, denn wir hatten abends noch einige Zeit dort beisammengesessen.

Ehe ich die Hand heben konnte, um wieder nach dem Türknauf zu greifen, klopfte es erneut. Ich dachte: Alf ist zurückgekommen! Wieder öffnete ich, und wieder stand keiner vor der Tür.

Ich trat über die Schwelle und sah nach rechts und links in den langen, dunklen Korridor. Niemand war zu sehen. Vergebens tastete ich nach dem Lichtschalter; er war wohl ein Stück entfernt, neben einer anderen Tür.

Noch immer hatte ich keine Angst. Falls sich jemand in einer dunklen Nische oder einer Türfüllung versteckt hielt und die Absicht hatte, mich zu erschrecken oder zu ärgern, war das bestimmt kein Geist. Ich glaubte nicht an Gespenster. Daß Alf geklopft hatte, nahm ich jetzt nicht mehr an. Viel eher konnte es schon der Zwerg gewesen sein, seine kleine Schwester, die sich diese Bosheit gegen mich ausgedacht hatte.

Ich ging wieder ins Zimmer zurück, schloß die Tür und verriegelte sie. Dabei nahm ich mir vor, einfach nicht mehr hinzuhören, falls es wieder klopfte. Wer immer es auch sein mochte, wer immer sich diesen dummen Scherz erlaubte, würde mit der Zeit bestimmt die Lust daran verlieren. Mit diesem Vorsatz legte ich mich wieder ins Bett, knipste das Licht aus und schloß die Augen.

Für eine kurze Weile herrschte absolute Stille. Obwohl ich mir doch vorgenommen hatte, mich nicht mehr um den Unfug zu kümmern, lauschte ich angespannt in die Dunkelheit. Nichts war zu hören – kein Tappen von Füßen, keine schleichenden Schritte, keine unterdrückten Atemzüge.

Dann aber, ganz plötzlich, begann das Klopfen erneut. Minutenlang ertrug ich das durchdringende Geräusch mit zusammengebissenen Zähnen. Dann hielt ich es nicht länger aus.

Ich zischte: „Verschwinde!“ und steckte die Finger in die Ohren. Doch es nützte nichts. Ich hörte das Klopfen trotzdem, und es machte mich fast verrückt, dieses hartnäckige Geräusch, das richtig bösartig klang.

Schließlich hatte ich es endgültig satt. Ich sprang wieder aus dem Bett, ging in der Dunkelheit durchs Zimmer, stieß mir dabei den Fuß an einem Stuhlbein, erreichte die Tür und machte Licht. Dann schob ich den Riegel zurück und riß die Tür auf, noch während das Klopfen erklang.

Triumphierend dachte ich: Jetzt hab ich dich, du Biest! Denn diesmal blieb dem Störenfried wirklich keine Zeit mehr, sich zu verstecken.

Wieder stand niemand vor der Tür. Ich starrte auf die leere Schwelle, und plötzlich wurde mir unheimlich zumute. Mit klopfendem Herzen trat ich zurück, um die Tür zu schließen.

Und nun geschah etwas, was mich wirklich zutiefst erschreckte: Während ich die Tür zu schließen versuchte, spürte ich deutlich von außen einen Gegendruck. Jemand stemmte sich auf der anderen Seite gegen die Tür und versuchte sie aufzudrücken, während ich sie schließen wollte. Dabei sah ich ganz deutlich durch die Türöffnung, daß niemand draußen stand. Die Schwelle, über die ein Lichtkegel aus meinem Zimmer fiel, war noch immer leer . . .

Mein Herz schlug jetzt bis in den Hals hinauf. In diesem Augenblick war all meine Kraft, all meine Energie nur darauf gerichtet, die Tür zu schließen. Ich dachte nicht daran, zu schreien oder mich zu verstecken. Stumm und verbissen kämpfte ich gegen den unbegreiflichen Druck von außen, gegen meinen unsichtbaren Widersacher.

Ich weiß nicht, wie lange dieser seltsame, unheimliche, stumme Kampf andauerte. Vielleicht waren es nur ein paar Minuten. Ich schaffte es nicht, die Tür ganz zu schließen, und der Druck von außen war nicht stark genug, um sie aufzustoßen.

Dann, ganz plötzlich, ließ der Druck nach, als wäre mein Widersacher müde geworden. Ich stemmte mich noch einmal mit meinem ganzen Körpergewicht gegen die Tür, und sie schnappte ins Schloß.

Blitzschnell schob ich den Riegel vor. Dann lehnte ich mich schwer atmend gegen den Türpfosten.

Eine Weile stand ich so, mit hämmerndem Herzen, unfähig, mich von der Stelle zu bewegen. Draußen auf dem Korridor war es totenstill. So angespannt ich auch lauschte, kein Laut war zu hören.

Endlich wurde ich wieder ruhiger. Ich war sonst immer so stolz darauf gewesen, daß mich nicht leicht etwas erschrecken konnte, und hatte mich über furchtsame Leute lustig gemacht. Doch jetzt mußte ich feststellen, daß ich gar nicht so unerschrocken war, wie ich geglaubt hatte.

Ich löschte das Licht und ging mit zitternden Knien ins Bett zurück.

Draußen blieb es still. Kein Klopfen erklang mehr an der Tür. Der Spuk war vorüber. Aber nein, es war kein Spuk gewesen. Ich klammerte mich an den Gedanken, daß es nur ein übler Scherz gewesen sein mußte, ein Schabernack, durch einen Trick bewerkstelligt, den ich nicht kannte.

Ein Trick – war es wirklich nur ein Trick gewesen? Meine Gedanken kreisten unaufhörlich um die seltsame Störung, ohne daß ich eine Erklärung dafür fand. Das Schloß lag in tiefem Frieden, und ich hätte jetzt schlafen können, doch es gelang mir nicht.

Langsam verrann die Zeit. Stunde um Stunde hörte ich irgendwo eine Standuhr bedächtig und feierlich schlagen.

Es mußte eine natürliche Erklärung für den Vorfall geben, und ich war entschlossen, herauszufinden, was dahintersteckte. Am liebsten wäre ich noch in dieser Nacht zu Alf gegangen, um alles mit ihm zu besprechen. Doch der Weg zu seinem Zimmer führte über den Flur, und den mochte ich nicht betreten, solange es dunkel war.

So weit ist es also schon mit dir gekommen, Julie Heller, dachte ich, daß du dich nachts nicht aus dem Zimmer wagst. Und ich sehnte den nächsten Tag herbei und zählte die dumpfen, dunklen Schläge der Uhr, bis draußen vor den Fenstern der Morgen über den Berghängen dämmerte. Dann schlief ich endlich noch einmal ein.

6

Wie das manchmal so ist, erschien mir am nächsten Tag alles nicht mehr so schlimm, was mich während der Nacht beunruhigt hatte. Ich fragte mich sogar, ob ich mich nicht vielleicht getäuscht hatte, als ich glaubte, niemand hätte vor meiner Tür gestanden. Es mußte ja jemand auf dem Korridor gewesen sein. Vielleicht hatte die Person, die hinter allem steckte, sich so geschickt in einem dunklen Winkel verborgen, daß ich sie einfach nicht sehen konnte.

Doch wer konnte es gewesen sein? Mit Ausnahme von Alf, seiner Mutter und seiner kleinen Schwester kannte ich ja noch niemanden im Schloß. Wer also sollte ein Interesse daran gehabt haben, mir einen Schrecken einzujagen? Alice, der Zwerg? Der Vorfall hätte nicht schlecht zu ihr gepaßt, fand ich; doch sie war zu klein und schwach, um einen derartigen Druck gegen eine Tür auszuüben.

Ich war noch immer entschlossen, mit Alf über die Sache zu reden, selbst auf die Gefahr hin, daß er mir nicht glaubte. Gleich wenn er mich zum Frühstück abholte, wollte ich es ihm sagen.

Doch als er kam, war er nicht allein. Alice war bei ihm, und ich verschob das Gespräch auf später.

Alf war offensichtlich nicht sehr begeistert über die ungebetene Begleitung. Er warf mir einen vielsagenden Blick zu, schnitt eine Grimasse in Alices Richtung und sagte zu ihr: „Ich glaube nicht, daß Julie besonders erpicht auf deine Gegenwart ist. Immerhin hast du sie gestern angespuckt – weiß der Teufel, warum. Schließlich hat sie dir nichts getan."

Alice machte ein finsteres Gesicht. Ich bemerkte, daß sie eigentlich ein hübsches kleines Mädchen war mit den blonden Locken, der Stupsnase und dem Grübchen im Kinn. Doch wenn sie das Gesicht verzog, sah sie wie ein Kobold aus.

„Was will sie hier?“ sagte sie mürrisch. „Keiner will sie hier haben. Sie soll wieder verschwinden!“

Sie war wirklich eine kleine Kröte. Alf fuhr sie an: *„Ich* will sie hier haben, verstanden? Sie ist schließlich meine Schwester.“

„Deine Schwester bin ich!“ kreischte Alice und stampfte wie Rumpelstilzchen mit dem Fuß auf. „Du hast mich und brauchst sie nicht. Keiner braucht sie hier!“

„Jetzt reicht's aber!“ sagte Alf drohend. „Wenn du das noch mal sagst, zieh ich dir die Ohren lang, ich schwör's dir! Auf eine Schwester, die ein so lästiges Biest ist wie du, kann ich wirklich verzichten!“

Ihre Augen funkelten zornig. Sie trat Alf mit dem Fuß gegen das Schienbein, daß er vor Schmerz aufschrie, und flitzte dann mit affenartiger Geschwindigkeit den Flur entlang, raste um eine Ecke und war verschwunden.

Alf rieb sich das Schienbein. „Dieses Monster!“ murmelte er zwischen zusammengebissenen Zähnen. „Sie ist wirklich eine Heimsuchung. Aber das wird sie mir noch büßen!“ Er sah mich von der Seite an und fügte hinzu: „Hoffentlich nimmst du ihr kindisches Geschwätz nicht ernst.“

Ich schüttelte den Kopf. Natürlich nahm ich nicht ernst, was der Zwerg sagte. Alice war eifersüchtig auf mich. Trotzdem war es nicht gerade angenehm, zu wissen, daß mich einer der Bewohner des Schlosses zum Teufel wünschte – auch wenn es nur ein kleines Mädchen war, das keiner ernst zu nehmen schien.

Das Frühstückszimmer war ein großer, holzgetäfelter Raum mit Blick auf den Schloßgarten. Eine mollige Frau im Dirndl deckte gerade den Tisch, als wir eintraten.

Alf stellte mich vor. „Frau Renzi führt uns den Haushalt“, erklärte er mir.

Die mollige Dame sagte: „Ja, ich gehöre sozusagen schon mit zum Inventar!“ Sie lachte gemütlich.

Der runde Tisch am Fenster war für drei Personen gedeckt. Wir setzten uns, und Frau Renzi brachte den Kaffee. Ich fand es seltsam, so bedient zu werden, doch für Alf war es offenbar ganz selbstverständlich.

„Wo bleibt denn die Kleine?“ fragte Frau Renzi, während sie uns den Kaffee einschenkte.

Alf erwiderte: „Sie hat sich mal wieder ekelhaft benommen und wird wohl erst abwarten, bis die Luft wieder rein ist.“

Die Haushälterin schüttelte den Kopf, murmelte etwas und ging aus dem Zimmer. Ich fragte: „Frühstückt deine Mutter nicht mit uns?“

„Nein“, erwiderte Alf. „Sie schläft morgens ziemlich lange und läßt sich das Frühstück immer auf ihr Zimmer bringen.“

„Ihr lebt hier aber wirklich fast wie im Märchen“, sagte ich unwillkürlich.

Alf schien das nicht als Kompliment aufzufassen, im Gegenteil. „Ich weiß“, sagte er fast entschuldigend. „Es gefällt mir auch nicht, mich so bedienen zu lassen, das kannst du mir glauben, Julie. Aber ich kann's nicht ändern. Ich hab zum Beispiel ziemlich lange versucht, durchzusetzen, daß ich mir mein Frühstück selbst richten kann. Ich würde mir viel unabhängiger vorkommen, wenn ich wüßte, daß ich aufstehen kann, wann ich will, ohne daß jemand mit dem gedeckten Tisch auf mich wartet. Es hat richtige Aufstände deswegen gegeben. Frau Renzi war beleidigt und kam sich überflüssig vor. Und die Küchenmädchen haben sich gestört gefühlt, wenn ich in die Küche ging. Schließlich hab ich's um des lieben Friedens willen aufgegeben, und alles ist beim alten geblieben.“

Ich sah ihn überrascht an. Von dieser Seite hatte ich die Sache nicht betrachtet. Ich hatte es einfach für paradiesisch bequem gehalten, nicht selbst kochen, abwaschen, saubermachen und aufräumen zu müssen.

„Ich mag es auch nicht, daß dauernd irgendwelche Leute in mein Zimmer kommen und Ordnung schaffen wollen“, fügte Alf hinzu.

Ich nickte. „Das kann ich verstehen. Mir würde das auch nicht passen.“ Und ich dachte daran, welche Kämpfe es oft mit meiner

Mutter gab, wenn sie versuchte, in meinem Zimmer aufzuräumen.

„Aber Mama", fuhr Alf fort, „hält es für selbstverständlich, daß sie bedient wird. Ich glaube, sie hat ihr Leben lang noch keinen Besen in der Hand gehabt. Und mit Alice ist es genauso. Sie benimmt sich wie eine Prinzessin auf der Erbse, und fast jeder läßt sich von ihr herumkommandieren und erträgt ihre Launen, nur weil ihr Vater ein Baron ist. Man könnte wirklich meinen, wir lebten noch im Mittelalter!"

Ich fragte mich unwillkürlich, ob es vielleicht auch zu Alices „Launen" gehörte, nachts an anderer Leute Tür zu klopfen. Ohne lange zu überlegen, fragte ich: „Alf, hast du heute nacht nichts gehört?"

Er legte den Kaffeelöffel beiseite. „Etwas gehört?" wiederholte er und sah mich mit gerunzelter Stirn an. „Heute nacht? Nein, wieso?"

Ich hatte den Eindruck, daß er wirklich nichts bemerkt hatte, aber doch seltsam angespannt war. Fast schien es, als hätte er einen bestimmten Verdacht, als wäre er schon auf das vorbereitet, was ich ihm sagen wollte.

„Heute nacht", sagte ich, „hat jemand an meine Tür geklopft."

Noch immer war diese Anspannung in seinem Gesicht. „Ach, wirklich?" erwiderte er zögernd. „Hast du aufgemacht?"

„Ja, aber es war niemand draußen", erwiderte ich.

Alf nickte. Ich merkte, daß er nicht die Vermutung äußerte, es könnte sich jemand einen dummen Scherz erlaubt haben. „Und dann?" fragte er. „Was hast du dann gemacht?"

„Ich bin wieder ins Bett gegangen, und dann hat es wieder geklopft, und ich bin wieder zur Tür gegangen und habe geöffnet. Aber wieder stand niemand draußen. Das ging dreimal so, und dann . . . Ja, dann passierte etwas Merkwürdiges."

Ich stockte. Alf beobachtete mich unverwandt und trank seinen Kaffee nicht; auch sein Brötchen lag unberührt auf dem Teller. „Ja?" fragte er. „Was ist passiert?"

Ich beschrieb, wie jemand von außen versucht hatte, die Tür aufzudrücken, während ich mich dagegen gestemmt hatte.

„Ich mußte all meine Kraft einsetzen“, sagte ich. „Aber das Seltsame war, daß ich ... daß ich niemanden draußen stehen sah! Die Tür war ja ein Stück offen, ich konnte sie nicht schließen, und ich hätte schwören können, daß niemand draußen stand! Aber das kann natürlich nicht sein. Ich muß mich getäuscht haben. Oder es war wirklich irgendein Trick, denn sonst müßte es ja ein Geist gewesen sein oder irgend so ein Unsinn ...“

Ich sagte das mit leicht scherzhaftem Unterton; zum einen, weil ich ja selbst nicht an Gespenster glaubte, und zum anderen, weil ich nicht wollte, daß mein Bruder mich für abergläubisch oder beschränkt hielt.

Doch merkwürdigerweise lächelte Alf nicht. Er wiederholte nur in einem eigenartigen Tonfall: „Ein Geist – hältst du so etwas für möglich, Julie?“

Ich starrte ihn an. „Nein!“ sagte ich. „Natürlich nicht. Wer glaubt schon an solche Ammenmärchen – du vielleicht?“

Er sah mich nicht an. „Ammenmärchen ... Das ist leicht gesagt, aber ...“ Er machte eine Pause. „Ach, weißt du, es gibt schon Dinge, die sich mit unserem Verstand nicht so einfach begreifen und erklären lassen. Das, was du heute nacht erlebt hast, zum Beispiel. Du suchst krampfhaft nach einer natürlichen Erklärung, aber glaub mir, wenn dir öfter so etwas passieren würde, würdest du's vielleicht einfach aufgeben, das erklären zu wollen.“

„Öfter?“ Ich dachte, ich hätte nicht richtig gehört. „Soll das etwa heißen, daß du so was auch schon mal erlebt hast?“

Alf schwieg eine Weile. Dann sagte er fast widerstrebend: „Ähnliche Vorfälle, ja. Wie zum Beispiel ...“ Er verstummte und sah auf. Die Tür öffnete sich, und Frau Renzi kam wieder herein.

„Ich wollte der Kleinen das Frühstück aufs Zimmer bringen, aber sie ist nicht da“, sagte sie besorgt.

Alf schüttelte ungeduldig den Kopf. „Sie wird sich schon melden, wenn sie Hunger hat, keine Angst“, erwiderte er kurz. „Aber vielleicht suchen Sie mal in der Speisekammer nach ihr.“

Kaum hatte sich die Tür wieder hinter Frau Renzi geschlossen, da fragte ich schon: „Ja, was wolltest du sagen? Welche anderen Vorfälle?"

„Zum Beispiel das mit der Puppe", erwiderte Alf langsam.

Ich starrte ihn an. „Das mit der Puppe? Aber ... Und ich dachte schon, du hättest mich im Verdacht!"

Alf erwiderte meinen Blick mit dem gleichen Erstaunen. „Dich? Aber wieso denn? Du meinst, ich hätte geglaubt, du könntest im Nebenzimmer herumgeschnüffelt und dabei die Puppe vom Tisch gestoßen haben?" Er lachte, aber es klang nicht besonders fröhlich. „Unsinn, Julie!"

„Das ist gut", sagte ich erleichtert. „Aber was glaubst du denn dann?"

Er zupfte an seinem Brötchen und erwiderte statt einer direkten Antwort: „Es ist hier während der letzten Wochen und Monate öfter vorgekommen, daß Gegenstände einfach so heruntergefallen und zerbrochen sind, scheinbar ohne daß jemand sie berührt hat. Lampen zum Beispiel. Und Glühbirnen. Sie sind einfach so geplatzt ..." Er stockte.

„Ohne daß jemand sie berührt hat?" wiederholte ich. „Aber Gegenstände können sich doch nicht einfach von selbst von der Stelle bewegen, so was gibt es nicht!"

„Ja", murmelte Alf. „Da haben wir's wieder: So was gibt es nicht, sagst du. Und trotzdem ist es passiert. Ich hab's mit eigenen Augen gesehen."

Er fuhr sich mit den Fingern durch die Locken, daß sie wild in alle Richtungen standen. „Einmal bin ich allein in der Bibliothek gesessen und habe gelesen, und plötzlich begann das Licht so komisch zu flackern. Ich sah auf und dachte, die Glühbirne wäre ausgebrannt oder die Sicherung wäre durch oder so was. Aber das Licht brannte weiter. Dafür passierte etwas ganz Unglaubliches. Plötzlich begann die Lampe – es war ein kleiner Kristalleuchter mit vielen geschliffenen Glasperlen und Stäben, weißt du – wie betrunken hin und her zu schwanken. Er bewegte sich immer stärker nach links und rechts, so, als würde jemand daran hängen und hin und her schaukeln, verstehst du? Ich dachte, ich spinne. Es war ja außer mir niemand im Zimmer. Und dann hing der Lüster plötzlich ganz schief im Raum – von mir aus gesehen rechts. Und ich dachte noch: So was gibt's nicht, jetzt bin ich verrückt geworden, es gibt schließlich ein Gesetz der Schwerkraft! Der Lüster blieb aber so schräg hängen, als würde ihn jemand dort festhalten. Auf einmal klirrte es wie verrückt, und ich sah, wie die ganze Lampe in der Luft zerplatzte, als hätte einer auf sie geschossen, ich schwör's dir! Dann ging das Licht aus. Und als ich auf den Korridor rannte und dort Licht machte, sah ich, daß der Kristalleuchter in der Bibliothek auf dem Boden lag, in tausend Stücke zersplittert! Überall lagen die Splitter der zerbrochenen Perlen und Stäbe aus Glas herum. Nur die Stange, an der der Lüster befestigt gewesen war, hing noch von der Decke!"

Alf holte tief Luft. Sein Blick hielt den meinen fest. Er sah mich so eindringlich, fast flehend an, als wäre es unendlich wichtig für ihn, daß ich ihm glaubte.

Ich wollte ihm ja auch gern glauben, doch wie konnte ich das? Gegenstände wie Lampen schaukeln nicht von allein durch die Luft, hängen nicht einfach schräg von der Decke und zerplatzen vor allem auch nicht grundlos.

„Vielleicht war's ein Erdbeben", sagte ich schwach.

„Unsinn", erwiderte Alf. „Das hätte ich doch merken müssen!"

„Oder mit der Stromspannung war etwas nicht in Ordnung", schlug ich vor. „Ich verstehe zwar nichts von solchen Sachen, aber war sonst noch irgendeine andere Lampe im Schloß kaputt?"

„Nein", sagte mein Bruder. „Ich habe nachgesehen. Und eine Stromspannung, die bewirkt, daß eine Lampe schräg im Zimmer hängt, gibt es nicht. Nein, ich habe auch schon hundertmal über alles nachgedacht und es mit meinem Freund besprochen, aber es gibt einfach keine Erklärung dafür." Er verstummte und starrte düster vor sich hin.

„Hat sonst noch jemand im Schloß etwas Ähnliches erlebt?" fragte ich.

„Nein. Zumindest hat niemand etwas gesagt. Natürlich ist in

letzter Zeit einiges zerbrochen, und die Hausmädchen haben sich gegenseitig beschuldigt. Frau Renzi hat Verdacht auf ein Mädchen aus dem Dorf, das ein bißchen ungeschickt ist. Meine Mutter sieht und merkt sowieso nie etwas. Ich glaube, bei ihr könnte eine Lampe drei Wochen lang schief im Zimmer hängen, ohne daß sie es beachten würde. Und wenn man sie darauf aufmerksam machen würde, dann würde sie es interessant finden und wieder von etwas anderem reden."

„Und dein Stiefvater?" fragte ich. „Ist er auch so ... so geistesabwesend?"

„Nein, der nicht. Aber er war ja schon seit fast vier Monaten nicht mehr hier. Er ist viel auf Reisen, weißt du, und ... Na ja, er und meine Mutter verstehen sich nicht mehr so besonders. Er hat eine Freundin in Wien, glaube ich."

Alf sagte das so, als wäre es nichts Ungewöhnliches. Ich dachte, daß diese Trennung vielleicht auch zu verstehen war, wenn man eine Frau hatte, die immer in höheren Gefilden schwebte.

„Das heißt also, daß bisher nur du so ein seltsames Erlebnis gehabt hast", stellte ich fest.

Alf sah mich an. „Nicht nur ich. Du auch", verbesserte er.

Ich gab seinen Blick zurück und merkte, daß er recht hatte. Seit meiner Ankunft im Schloß hatten sich gleich zwei unerklärliche Vorfälle ereignet – die Sache mit der Puppe und der „Klopfspuk", wie ich es insgeheim nannte. Aber es mußte einfach eine ganz normale Erklärung für beides geben!

„Wer wohnt sonst noch hier im Schloß?" fragte ich, entschlossen, der Sache auf den Grund zu gehen.

Ein schiefes Lächeln erschien auf Alfs Gesicht. Er erriet meine Absicht offenbar, denn er erwiderte: „Die gleichen Überlegungen hab ich auch schon angestellt. Aber gut, ich sag's dir. Außer meiner Mutter, Alice und mir ist da noch Frau Renzi, die ständig im Schloß wohnt; dann noch drei Hausmädchen und zwei Stubenmädchen. Eine Reinemachefrau wohnt im Dorf; und außerdem haben wir noch einen Hausmeister und einen Gärtner."

Ich spitzte die Ohren. „Die wohnen aber im Gartenhaus", fügte Alf hinzu.

Na, dachte ich, das muß sie ja nicht unbedingt davon abhalten, irgendwelchen Unfug im Haus zu treiben. Wer weiß, vielleicht ist einer von den beiden ein verrückter Tüftler, der sich alle möglichen Tricks ausdenkt, um Leute zu erschrecken.

„Mach dir keine Hoffnungen", sagte Alf in meine Überlegungen hinein. „Der Schürli ist ein harmloser Brummbär – ein Grantlhauer, wie wir das hier nennen –, und der Karl ist froh, wenn er seine Ruhe hat."

Ich beschloß heimlich, mir die beiden selbst anzusehen. Wir tranken unseren Kaffee, der inzwischen kalt geworden war, und Alf murmelte: „Ich bin wirklich froh, daß du da bist, Julie. Ich hab mich so allein gefühlt mit all dem, was hier in letzter Zeit passiert ist. Der einzige, mit dem ich reden konnte, war mein Freund Jörg, aber der wohnt im Dorf und hat nie etwas von allem wirklich mitbekommen. Er ist also auf das angewiesen, was ich ihm erzähle, und weiß überhaupt nicht, was er von der Geschichte halten soll. Aber mit dir ist es etwas anderes. Erstens bist du meine Schwester, und zweitens wohnst du jetzt für einige Zeit hier und erlebst diese Sachen selbst."

Er schwieg, runzelte die Stirn und fügte dann hinzu: „Eigentlich komisch, daß dir gleich soviel passiert ist, obwohl du noch keine vierundzwanzig Stunden hier bist!"

„Vielleicht will mich jemand vergraulen", sagte ich.

„Aber es kennt dich doch noch keiner hier außer mir und meiner Mutter! Frau Renzi hast du eben erst getroffen, und ... Du meinst doch nicht etwa Alice?" Er lachte. „Hör mal, sie ist zwar eine Landplage, aber solche Sachen wie Türen aufdrücken, ohne dabei sichtbar zu sein, und Lampen zerplatzen lassen, das kann sie denn doch nicht! Nein, das ist kein Mensch, der hinter all dem steckt, Julie." Und er musterte mich ernst.

„Ich glaube nicht an Gespenster", erklärte ich hartnäckig.

„Ach, Gespenster!" wiederholte er. „Das ist so ein Schlagwort für alles, was wir nicht verstehen! Ich meine ja auch nicht, daß ein Gespenst im weißen Gewand hinter allem steckt. Aber vielleicht sind übernatürliche Kräfte am Werk ... Ich habe versucht, Bücher über dieses Thema zu finden – ernsthafte Bücher, meine ich, keine Spukgeschichten –, aber in unserer Dorfbibliothek gibt es so etwas natürlich nicht."

Ich schwieg eine Weile und fragte dann: „Hast du Angst gehabt, als das mit der Lampe passierte?"

Alf schüttelte den Kopf. „Nein, eigentlich nicht. Ich hatte gar keine Zeit dazu. Ich war nur furchtbar erstaunt, ich traute meinen Augen nicht. Erst später, als es schon vorbei war, ist mir ziemlich unheimlich geworden."

„Ich habe es heute nacht schon mit der Angst zu tun bekommen", gestand ich. „Dieser Druck gegen die Tür – das war gruselig. Dabei dachte ich immer, ich wäre mutiger als andere Leute."

„Bist du auch", versicherte Alf. „Ein anderer wäre nicht wieder zur Tür gegangen und hätte aufgemacht, nachdem beim erstenmal niemand draußen stand! Ich finde, du bist ein sehr mutiges Mädchen, Julie."

7

Ich wollte, Alf hätte recht gehabt, und ich wäre wirklich mutig gewesen; doch ich war es nicht. Im Laufe des Vormittags ertappte ich mich immer wieder dabei, wie ich bei jedem Geräusch zusammenfuhr, ängstlich zu den Lampen hochsah, als könnten sie jeden Augenblick über meinem Kopf zerplatzen, in dunkle Nischen schielte und darauf wartete, daß plötzlich Bilder von den Wänden fielen.

Zum Glück geschah nichts Ungewöhnliches. Beim Mittagessen waren sowohl Alfs Mutter als auch die Kleine anwesend. Alice hatte offenbar beschlossen, zur Abwechslung einmal für ein paar Stunden artiges kleines Mädchen zu spielen. Sie saß ruhig auf ihrem Stuhl, aß gesittet mit Messer und Gabel und sagte kein Sterbenswörtchen, während Frau von Uhlenau uns zwischen Suppe und Hauptgericht ihr neuestes Gedicht vorlas. Es handelte von einem sterbenden Dichter und einem Phönix, und ich fand es ziemlich unverständlich und auch ein bißchen theatralisch.

Alf machte ein verlegenes Gesicht, und Alice erkundigte sich, was denn ein Phönix sei, bekam aber keine Antwort. Frau von Uhlenau hatte eine Zeile in ihrem Gedicht entdeckt, die ihr nicht so recht gefiel. Sie stand also auf, murmelte etwas, nahm ihr Notizbuch, verschwand und kam nicht wieder, obwohl sie nur ihre Suppe gegessen hatte.

„Alf, was ist ein Phönix?" quengelte der Zwerg, doch auch Alf gab keine Antwort. Er sah mich an und sagte: „Julie, wie wär's, wenn wir heute nachmittag ins Dorf radeln würden? Dann kannst du meinen Freund Jörg kennenlernen. Er ist ein netter Kerl, ihr werdet euch bestimmt gut vertragen."

„Kann ich mitkommen?" fragte Alice.

„Nein", sagte Alf kurz. „Erstens hab ich noch nicht vergessen, wie widerlich du dich heute morgen benommen hast, und zweitens können wir dabei keine Kinder brauchen."

Das klang ziemlich barsch. Als ich sah, wie Alice das Gesicht verzog, tat sie mir leid. Mein Mitleid verflog jedoch schnell, denn plötzlich gab sie es auf, artig zu sein, nahm eine von den Melonenschnitten, die als Nachtisch auf einer Schale in der Mitte des Tisches lagen, und warf sie gegen die Wand, so daß ein großer gelber Fleck auf der Seidentapete entstand.

„Verdammt!" schrie sie. „Ich wünsche dir, daß du von Ohrwürmern aufgefressen wirst!"

Alf nahm die Verwünschung und den Fleck auf der Tapete gelassen hin. Er seufzte nur. „Immer das gleiche Theater", sagte er.

Alice sagte gar nichts mehr. Sie saß mit zusammengepreßten Lippen und funkelnden Augen am Tisch, während Frau Renzi kam, die Melonenschnitte wegtrug, den Fleck mit einem nassen Tuch abwischte und dabei sanfte Ermahnungen ausstieß.

„So was, das geht doch net, das mußt du doch einsehen, Kinderl!" sagte sie. „Ein anständiges Maderl tut so was net. Die schöne Tapete! Der Fleck geht nie wieder ganz raus. Was wird denn bloß die Frau Mama dazu sagen, wenn sie das sieht, tz, tz . . ."

Alf zwinkerte mir zu. Wahrscheinlich dachte er genau wie ich, daß seine Mutter so weltlichen Dingen wie einem Melonenfleck auf einer Tapete wohl kaum Aufmerksamkeit schenken würde.

Wir gingen aus dem Eßzimmer, und ich hätte schwören können, daß Alice uns die Zunge herausstreckte, sobald wir dem Tisch den Rücken gekehrt hatten.

Dann fuhren wir über den schmalen, steil abfallenden Waldpfad am Uhlsee vorbei ins Dorf. Von den Bäumen tropfte es noch immer, doch die Wolken hingen nicht mehr so tief über den Berggipfeln, und alles sah etwas freundlicher aus.

Auf der Hauptstraße des Dorfes stieg gerade eine Ladung Touristen aus einem Bus, und ich lief ins Postamt, rief meine Mutter an und sagte ihr, daß ich gut angekommen war und daß es mir bei Alf gefiel.

Als ich wieder aus der Post kam, stand Alf neben den Fahrrädern und unterhielt sich mit einem fremden Jungen. Er war größer als mein Bruder, hatte ziemlich lange, glatte blonde Haare und erinnerte mich an einen mittelalterlichen Pagen in einem Film, den ich einmal gesehen hatte.

„Julie, das ist der Jörg", sagte Alf. „Jörg, das ist meine Schwester aus Freiburg, von der ich dir schon soviel erzählt habe."

Jörg musterte mich voller Interesse. Er sah wirklich wie ein Page aus. Das schönste an ihm waren seine Augen – haselnußbraune, sanfte Augen mit erstaunlich langen Wimpern.

„Hallo, Julie", sagte er und streckte mir die Hand entgegen.

„Du mußt das i und das e getrennt aussprechen", verbesserte ich ihn. „Nicht Juli wie der Monat, sondern Juli-e."

Er grinste. „Oh, Verzeihung, Juli-e. Ist es so richtig?"

„Ja", sagte ich. „Mit meinem Namen bin ich ziemlich eigen, weißt du."

Wir lachten uns an. Seltsam, dachte ich, daß man sich mit manchen Menschen auf Anhieb versteht. Es ist, als würde man sich eigentlich schon längst kennen oder als wäre man sich schon früher einmal begegnet. Mit Jörg war es so. Ich hatte von Anfang an ein Gefühl, als wären wir alte Freunde.

„Ihr seht euch so ähnlich, daß es schon fast komisch ist", behauptete er.

„Soll das heißen, daß du uns für komische Figuren hältst?" fragte Alf mit gespielter Entrüstung.

„Ja", sagte Jörg. „Ihr seht aus wie Pat und Patachon."

Ich mußte kichern. „Die kenne ich nicht. Aber wenn das so was ähnliches ist wie Dick und Doof, muß ich protestieren."

In schöner Eintracht gingen wir über den Marktplatz. Alf und ich schoben unsere Fahrräder, und Jörg schlug vor, wir sollten eine Tasse Tee bei ihm trinken. Er wohnte in einem kleinen alten Bauernhaus am Rand des Dorfes, das ganz von Weinranken und Efeu überwachsen war. Jörg nannte es „Hexenhäusl". Ich fand, daß es eher wie ein Bilderbuchhaus aussah mit den kleinen, blinkenden Fensterscheiben, dem breiten Kamin und dem bunten Bauerngarten.

Das Haus war urgemütlich, auch innen. Überall standen Möbel aus Großmutters Zeit – keine Kostbarkeiten wie im Schloß, sondern einfache Möbelstücke auf verblichenen Flickenteppichen. Die Wände waren ganz aus dunklem Holz, und ein paar bemalte Uhren tickten eifrig.

Jörg hatte ein Zimmer unter dem Dach. Weinreben nickten zum Fenster herein, und unter dem Giebel nistete ein Schwalbenpärchen. Es roch nach Kräutern, die in Büscheln von der alten Balkendecke hingen. Sonst gab es nur ein paar Matratzen mit indianischen Decken darauf, eine Kiste als Tisch und ein Regal, das aus Brettern und Ziegelsteinen bestand. Dazu ein Poster an der Wand mit einem einzelnen Baum und der Aufschrift: „Baum ab – nein danke!"

Wir kauerten uns auf die Matratzen. Alf zündete ein Räucherstäbchen an, und Jörg verschwand, um Tee zu kochen. Draußen gackerten Hühner, und ich fühlte mich plötzlich sehr wohl – viel wohler als droben im Schloß.

Alf ging es offenbar genauso, denn er legte sich längelang auf die Matratze, verschränkte die Hände hinter dem Nacken und seufzte tief.

„Der Jörg hat's gut. Wenn ich gern mit einem tauschen würde, dann mit ihm", sagte er. „Gemütlicher als hier kann man's nicht haben, und du mußt mal seine Großeltern kennenlernen! Er lebt nämlich bei seinen Großeltern. Seine Mutter arbeitet in Linz. Jörg ist ein ‚lediges Kind', wie man das hier nennt. Jedenfalls, seine Großeltern sind einfach klasse. Sie lassen Jörg völlige Freiheit, und trotzdem sind sie immer für ihn da, wenn er sie braucht. Ich glaube, er könnte seine Haare bis zu den Kniekehlen wachsen lassen, und sie würden kein Wort sagen – aber nicht, weil sie sich nicht um ihn kümmern, sondern weil sie finden, daß das Jörgs Sache ist."

„Was ist meine Sache?" fragte Jörg und bugsierte ein Tablett mit Teeschalen durch die niedrige Tür.

„Ach, ich hab Julie gerade von deinen Großeltern erzählt", erklärte Alf. „Ich finde, die beiden machen's goldrichtig. Sie lassen dir deine Freiheit und sind trotzdem für dich da."

Jörg nickte. „Ja, die sind in Ordnung", bestätigte er. „Und so was von einer Beziehung, wie die beiden sie haben! Manchmal ist mir das richtig unheimlich. So lange ich sie kenne, habe ich nie ein böses Wort zwischen ihnen gehört. Sie haben sich einfach gern, und das nach vierzig Ehejahren! Wenn einer mir das erzählen würde, würde ich's nicht glauben."

Wir tranken Jasmintee und unterhielten uns über alles mögliche, nur nicht über das Ereignis der vergangenen Nacht. Doch schließlich sagte Alf ganz unvermittelt: „Stell dir vor, Jörg – Julie ist es auch passiert!"

Jörg schien gleich zu wissen, was gemeint war. Er hob den Kopf, sah mich aufmerksam an und fragte: „Wieder mal der Poltergeist?"

Seltsam, er nannte es „Poltergeist". Ich hatte natürlich schon von rätselhaften Vorkommnissen gehört, die als „Poltergeist-Phänomene“ bezeichnet wurden, wußte aber nichts Genaueres darüber. Und jetzt wandte Jörg diesen Begriff für die Vorgänge im Schloß an.

„Erzähl doch mal, Julie!“ sagte mein Bruder, und ich berichtete ausführlich vom „Klopfspuk“. Als ich fertig war, fügte ich wieder hinzu: „Aber ein Geist war das nicht. Eher irgendein verrückter Tüftler, dem es irren Spaß macht, anderen einen Schrecken einzujagen.“

Jörg machte ein nachdenkliches Gesicht, und Alf schüttelte langsam den Kopf. Er erwiderte aber nichts und erzählte statt dessen von der zerbrochenen Puppe.

„Da könnte aber wirklich jemand im Zimmer gewesen sein und sich davongeschlichen haben, ohne daß ihr es bemerkt habt“, meinte Jörg. „Nur – das mit dem Klopfspuk ist komisch.“ (Er nannte es auch Klopfspuk, genau wie ich, obwohl ich das Wort bisher nicht erwähnt hatte.) „Es paßt irgendwie zu dem, was du damals mit der Lampe erlebt hast, Alf.“ Er stockte und fügte hinzu: „Hast du deiner Schwester eigentlich gestern abend noch davon erzählt – ehe das alles nachts passierte, meine ich?“

Ich wußte, worauf er hinauswollte. Natürlich fragte er sich, ob ich mir vielleicht alles nur eingebildet hatte, nachdem ich erfahren hatte, daß im Schloß seltsame Dinge vorgingen. Ich war ihm nicht böse wegen dieses Verdachts. Unter den gegebenen Umständen erschien mir seine Frage sogar verständlich.

„Nein“, sagte Alf. „Ich habe Julie nichts erzählt. Ich wollte ihr eigentlich vorläufig gar nichts davon sagen, um sie nicht zu beunruhigen.“

Wir schwiegen eine Weile. Draußen zwitscherte eine Schwalbe. „Verdammt seltsam, das Ganze“, murmelte Jörg schließlich. „Und du hast nichts von der Klopferei mitbekommen, Alf?“

Ich hob überrascht den Kopf und dachte: Ja, weshalb hat er eigentlich nichts gehört? Sein Zimmer ist doch nicht weit von meinem entfernt!

Mein Bruder erwiderte: „Ach, ich schlafe doch wie ein Murmeltier. Neben mir könnte man Kanonen abschießen! Es wäre durchaus möglich, daß es bei mir nachts auch schon mal geklopft hat, und ich hab's einfach nicht gehört."

Wir kamen alle drei ins Grübeln, bis ich schließlich zu Jörg sagte: „Du hast vorher etwas von einem Poltergeist gesagt. Meinst du wirklich im Ernst, daß so etwas dahinterstecken könnte?"

„Hm", erwiderte er. „Ich nenne das einfach so, weil diese Vorfälle mich an einen Bericht erinnern, den ich einmal in der Zeitung gelesen habe. Da gab's einen Spuk in Rosenheim; in einer Anwaltskanzlei, glaube ich. Dort sind angeblich auch Lampen zerplatzt, und schwere Gegenstände sollen sich von selbst von der Stelle bewegt haben. Diese Vorgänge wurden damals als Poltergeist-Phänomene bezeichnet. Es hat eine Menge Wirbel darum gegeben."

„Und?" fragte ich. „War es wirklich ein Poltergeist?"

„Tut mir leid, aber ich weiß nicht genau, wie der Fall ausgegangen ist", erwiderte Jörg. „Alle möglichen Fachleute haben Untersuchungen angestellt, aber was dabei herausgekommen ist, kann ich nicht sagen."

„Falls überhaupt etwas herausgekommen ist", fügte Alf hinzu. „Meistens verlaufen solche Untersuchungen im Sand. Es läßt sich weder beweisen, daß es ein wirklicher Spuk war, noch, daß alles ein Schwindel gewesen ist. Hinterher ist man meistens genauso schlau wie vorher."

„Poltergeister", murmelte ich vor mich hin. „Das klingt so nach Kobolden und Trollen. Ich dachte immer, das wären nur Schauergeschichten für kleine Kinder."

„Wart's ab", sagte mein Bruder.

8

Während der folgenden beiden Tage war alles ruhig und friedlich. Meine Erinnerung an den Klopfspuk begann schon zu verblassen, und ich neigte immer mehr dazu, den Vorfall für einen dummen oder bösartigen Scherz zu halten, trotz allem, was Alf gesagt hatte.

Das Wetter besserte sich. Ich ging mit meinem Bruder und Jörg im Uhlsee baden, obwohl das Wasser eiskalt war. Gemeinsam fuhren wir mit einem alten Ruderboot auf eine kleine Insel im See, wo noch seltene Wasservögel lebten, und die beiden zeigten mir eine halb verfallene Hütte, in der einst der „Schrat“ gewohnt hatte; ein Einsiedler, den die Leute in der Gegend für verrückt hielten.

„Viele hatten auch Angst vor ihm. Es hieß, er hätte den bösen Blick“, erklärte Jörg. „Aber ich glaube, er war einfach nur einsam und unglücklich und seelisch krank. Schließlich ist er verschwunden. Manche nehmen an, daß er sich im See ertränkt hat. Andere wieder meinen, er streift noch immer durch die Wälder und haust irgendwo in einer Höhle.“

Mir war bei der Vorstellung, daß hier vielleicht ein Geistesgestörter die Gegend unsicher machte, etwas unbehaglich zumute.

„Ach, er ist sicher längst tot“, sage Alf. „Zwei Jahre kann man sich hier nicht versteckt halten, ohne irgendwann mal gesehen zu werden.“

Einen Tag nach unserem Badeausflug verschlechterte sich das Wetter wieder. Alf erklärte mir, das wäre in dieser Gegend ganz normal. „Das Salzkammergut ist ein richtiges Wetterloch“, sagte er. „Wenn Regenwolken aufziehen, hängen sie gleich richtig zwischen den Bergen fest, während sie woanders viel schneller wieder abziehen.“

Was er sagte, stimmte offenbar, denn es regnete fast den ganzen Tag mit wenigen kurzen Unterbrechungen. Die Regenwolken zogen wirklich nicht ab; im Gegenteil, es kamen immer mehr dazu. Schwarz und bleiern hingen sie über dem Uhlsee und verhüllten die Berggipfel. Am frühen Nachmittag war es so dunkel, daß wir in der Bibliothek Licht machen mußten, wo wir seit einer Stunde saßen und lasen.

Alf hatte mir einen Zukunftsroman von H. G. Wells gegeben, der unerhört spannend war. Doch als das Licht aufflammte, mußte ich mich zwingen, mich auf das Buch zu konzentrieren. Immer wieder wanderte mein Blick zu der Lampe, die mitten im Raum von der holzgetäfelten Decke hing.

Ich war in einem seltsamen Zwiespalt: Einesteils glaubte ich noch immer nicht, daß es hier im Schloß wirklich so etwas wie Spuk gab. Andernteils wartete ein Teil von mir voller Anspannung darauf, daß irgend etwas geschah.

Alf wirkte ganz gelassen, obwohl er doch behauptet hatte, daß er hier in der Bibliothek die gespenstische Geschichte mit der Lampe erlebt hatte. Er schien in sein Buch vertieft zu sein und las, ohne aufzusehen.

Nach einer Weile wurde auch ich wieder ruhiger, als ich merkte, daß die Lampe keinerlei Anstalten machte, zu wackeln oder hin und her zu schaukeln.

Der Wind trieb Regenschauer gegen die Fenster. Er heulte und brauste, und das Wasser lief nur so an den Scheiben herunter. Vom Schloßgarten sah man nichts mehr, doch man hörte die Bäume im Wind ächzen. Eine der Katzen – es gab drei oder vier im Schloß – kam durch die Tür geschlichen, die einen Spalt offenstand, und strich maunzend um Alfs Beine.

Er bückte sich und streichelte sie. „Das ist das Tschapperl", erklärte er. „Ich nenne sie immer so, weil sie nicht so schlau und listig ist wie die anderen Katzen. Wenn sie eine Maus gefangen hat, jagen sie ihr die anderen meistens wieder ab. Sie setzt sich einfach nicht richtig zur Wehr. Aber ich mag sie lieber als die anderen Katzen. Sie schläft manchmal bei mir im Zimmer."

Ich seufzte. „Ich hätte auch so gern eine Katze. Meine Mutter sagt nur immer, es wäre Tierquälerei, in einer Stadtwohnung ohne Garten eine Katze zu halten. Du hast's schon gut hier, auch wenn du . . ."

Ich stockte. Tschapperl, die Katze, fauchte plötzlich laut, machte einen Satz über Alfs Füße hinweg und war mit einem Sprung auf dem Fensterbrett. Dort kauerte sie, das Rückenfell gesträubt, und fauchte wie ein kleiner Tiger.

„Hast du ihr weh getan?" fragte ich.

Alf schüttelte den Kopf. Er sah mich nicht an. Sein Gesicht war voller Anspannung. Er starrte wie gebannt auf die Katze.

Mein Blick wanderte von ihm wieder zu der Katze. Irgend etwas schien sie in große Angst oder Wut zu versetzen. Sie fauchte noch immer und sah mit weit geöffneten Augen zur Tür.

Alf und ich folgten ihrem Blick. Die Tür stand wie vorher einen Spaltbreit offen. Niemand war in die Bibliothek gekommen. Und trotzdem schien die Katze dort etwas zu sehen, was sie erschreckte.

„Da ist etwas!" sagte Alf mit gepreßter Stimme.

Ich war zu aufgeregt, um zu antworten. Der Wind heulte ums Schloß, und ich versuchte mir einzureden, daß das alles nur Unsinn war und daß es nichts zu fürchten gab. Die Katze war vielleicht nur etwas durchgedreht – man hört ja manchmal davon, daß auch Tiere neurotisch sein können.

Plötzlich sprang die Katze vom Fenstersims auf ein höher gelegenes Bücherregal, als wollte sie sich vor einem unsichtbaren Feind in Sicherheit bringen.

Noch während wir ihr mit den Blicken folgten, hörten wir Schritte – leichte, schnelle Schritte, als ginge jemand auf flachen Sohlen von der Tür her durch den Raum.

Zuerst war ich zu überrascht, um Angst zu empfinden. Ich hielt auch noch immer an der Überzeugung fest, daß das alles gar nicht sein konnte, daß ich es mir nur einbildete, oder daß es eine Sinnestäuschung war. Ich wollte es einfach nicht glauben, obwohl ich es mit meinen eigenen Ohren überdeutlich in dem stillen Raum hörte, untermalt vom Rauschen des Regens und des Windes: das leichte Geräusch von Schritten, die durchs Zimmer gingen, und dazu ein

Rascheln wie von Stoff.

Jetzt erst überlief mich ein Schauder. Meine Hände fühlten sich plötzlich eiskalt an. Ich starrte Alf an. Sein Blick war auf die Stelle zwischen dem Schreibtisch und einem Sessel gerichtet, von der das Geräusch jetzt kam.

Er war bleich und saß unbeweglich da, sein Buch auf den Knien. Noch immer war außer uns beiden und der Katze niemand in der Bibliothek – niemand, der sichtbar gewesen wäre.

Die Schritte machten beim mittleren Fenster halt. Da sprang die Katze wie der Blitz vom Regal. Es war, als hätte der unsichtbare Besucher ihr den Rücken gekehrt, so daß sie sich für einen Moment sicher fühlte. Sie raste und schlitterte in panischer Eile über das Parkett, zwängte sich fauchend durch den Türspalt und war verschwunden.

„Hol's der Teufel!" sagte Alf, und seine Stimme zitterte leicht.

Unsere Blicke kreuzten sich. Nun war alles still. Selbst der Wind schien den Atem anzuhalten. Wir starrten wie auf Kommando auf die Stelle vor dem mittleren Fenster, wo wir die Schritte zuletzt gehört hatten.

Plötzlich erklang das Rascheln von neuem. Wie gebannt beobachtete ich, wie der Fensterknauf von unsichtbarer Hand nach rechts gedreht wurde.

Langsam, ganz langsam öffnete jemand das Fenster. Ich beobachtete es, starr vor Schreck. Dann kam unvermittelt wieder ein Windstoß und drückte die Fensterflügel so gewaltsam auf, daß sie krachend und klirrend gegen den Mauervorsprung schlugen. Blätter fegten in die Bibliothek. Ich fühlte einen kalten Windhauch und ein paar Regentropfen auf meinem Gesicht.

Wie lange wir so saßen, kann ich nicht sagen. Plötzlich sprang Alf auf. Er lief zum Fenster und schloß es mit einem Ruck. Dann drehte er sich um und ließ die Arme sinken. Seine Haare waren vom Wind zerzaust, sein Gesicht war so weiß, daß es richtig leuchtete.

Ich flüsterte: „Geh dort weg – bitte, bleib nicht dort stehen!"

Er sah mich nur an, als würde er träumen. Da lief ich zu ihm, nahm ihn an der Hand und zerrte ihn von der Stelle am Fenster weg, hin zur Tür. Doch als ich ihn mit mir auf den Korridor ziehen wollte, hielt er mich auf der Türschwelle zurück.

„Laß uns bleiben", sagte er leise. „Laß uns noch hierbleiben und sehen, was weiter passiert."

Ich blieb, aber nur widerstrebend, Alf zuliebe. Er war mein Bruder, und ich wollte ihn nicht allein lassen. So bezwang ich den Drang, fortzulaufen und soviel Abstand wie nur möglich zwischen mich und dieses Zimmer zu bringen.

Wir warteten, lange – wie lange, weiß ich nicht. Doch es geschah nichts mehr. Kein Laut war zu hören als das schwächer werdende Brausen von Wind und Regen. Alfs Buch lag auf dem Parkett, das meine lag aufgeschlagen auf dem Sessel.

Der Spuk war vorüber, und nichts erinnerte mehr daran als ein paar Ulmenblätter auf dem Boden und eine nasse Spur auf dem Parkett unter dem Fenster.

9

„Es ist zum Verrücktwerden", sagte Alf später, als wir ratlos in seinem Zimmer saßen. „Was sollen wir nur tun?"

Ich wußte es auch nicht. Gab es überhaupt etwas, das man in so einem Fall tun konnte? „Keine Ahnung", erwiderte ich schwach.

Ich wollte es Alf nicht sagen, aber die Aussicht, noch mehrere Wochen hier im Schloß verbringen zu müssen, machte mich fast krank. Wie konnte ich hier jemals ruhig schlafen, mich ohne Furcht in einem der Zimmer aufhalten oder unbefangen durch die Korridore gehen? Plötzlich war dieses Haus, das ich anfangs so romantisch und ein bißchen lächerlich gefunden hatte, zu einem Ort des Schreckens für mich geworden, dem ich nur zu gern den Rücken gekehrt hätte.

Und doch wollte und konnte ich nicht fort, weil es mir feige und schäbig vorgekommen wäre, Alf jetzt zu verlassen, und weil ich ihn gern hatte.

Er sagte: „Du hast Angst, nicht, Julie?“

„Ja“, erwiderte ich. „Weil ich es nicht verstehe. Und weil . . . Ach, es ist so furchtbar, weißt du. Ich habe das Gefühl, daß alles passieren kann – alles!“

„Aber was sollen wir machen? Meinst du, wir sollten die Polizei verständigen?“

Ich überlegte und schüttelte dann den Kopf. „Sie würden uns nicht glauben. Wir haben ja keine Beweise – solche Dinge lassen sich nicht beweisen. Und was könnte die Polizei schon tun? Gegen Spuk ist sie doch machtlos.“

Jetzt hatte ich es ausgesprochen: Spuk. Ich haßte das Wort, es klang so falsch in meinen Ohren. Und doch schien es der einzige passende Begriff für das zu sein, was wir erlebt hatten.

„Bei euch in Freiburg gibt es doch ein Parapsychologisches Institut, oder wie das heißt“, sagte Alf in meine Gedanken hinein. „Vielleicht könnten wir dorthin schreiben?“ Er stockte. „Aber nein, das wäre nicht gut. Dann würden sie doch nur hierherkommen und das ganze Haus auf den Kopf stellen, und Scharen von Reportern und Neugierigen würden uns belagern. Am Ende käme dann wahrscheinlich doch nichts dabei heraus.“

„Man könnte so eine Untersuchung ja vielleicht geheimhalten“, erwiderte ich ohne rechte Überzeugung.

Alf schwieg eine Weile und sagte dann: „Laß uns erst mal abwarten. Ich darf sowieso nichts unternehmen, ohne vorher mit meinem Stiefvater zu reden.“ Er musterte mich. „Bitte, sag es mir, wenn du nicht länger hierbleiben willst, Julie. Ich könnte es verstehen und wäre dir bestimmt nicht böse. Vielleicht könntest du bei Jörg wohnen.“

Der Gedanke an das gemütliche kleine Haus am Dorfrand war verlockend. Doch Alf war mein Bruder, und ich hatte beschlossen, ihn nicht allein zu lassen.

„Und was willst du Jörgs Großeltern sagen? Daß ich nicht im

Schloß bleiben kann, weil es hier spukt?" fragte ich. „Nein, kommt nicht in Frage! Ich bleibe bei dir. Ich bin keine Ratte, die das sinkende Schiff verläßt."

„Natürlich bist du keine Ratte", sagte er mit schwachem Lächeln. „Aber du bist schließlich auch nicht hierhergekommen, um das Gruseln zu lernen."

„Nein", sagte ich, „das bin ich nicht. Aber ich habe jetzt wenigstens gelernt, daß ich mir falsche Vorstellungen über meine Furchtlosigkeit gemacht habe. Man kann sich leicht für tapfer halten, solange die unheimlichen Sachen nur in Büchern oder Fernsehfilmen vorkommen."

Ich sagte das mit ziemlich bitterem Unterton, weil ich von mir selbst enttäuscht war. Es gefiel mir durchaus nicht, daß ich auf beängstigende Vorfälle nicht anders reagierte als andere Leute auch – nämlich mit dem Wunsch, wegzulaufen.

„Komm, Julie", sagte Alf und zog mich hoch. „Laß uns zu Jörg fahren. Ich möchte seine Meinung über unseren neuesten Spuk hören."

Seine Stimme hatte einen spöttischen Unterton. Ich erriet, daß das seine Art war, zu verhindern, daß er in Panik geriet. „Und außerdem bin ich froh, wenn ich für einige Zeit von hier wegkomme."

Mir ging es genauso. Draußen regnete es zwar noch immer, aber nicht mehr so heftig wie vorher. Und was machte es schon, wenn wir naß wurden? Es gab Schlimmeres . . .

Rasch holte ich meinen Regenumhang und schlüpfte in meine Gummistiefel. Dann gingen wir die Treppe hinunter. Wir kamen jedoch nicht weit. Im „Gruselkabinett" trafen wir Alfs Mutter. Sie erzählte uns überschwenglich, daß ihr Verleger eben aus Wien angerufen hätte, um ihr zu sagen, daß ihr neuester Gedichtband auch in Frankreich erscheinen sollte.

„Stellt's euch das bloß vor, Kinderl!" rief sie. „Meine Gedichte werden ins Französische übertragen! Das passiert nur ganz wenigen Künstlern, weil's ja so schwierig ist, Lyrik zu übersetzen! Und außerdem ist's ja auch so, daß Gedichtbände sich so schlecht verkaufen lassen. Die Leute wollen doch lieber was Leichtes, Seichtes, was Romantisches oder Gruseliges."

Sie lächelte strahlend. „Ach, ist das eine Freude, das muß gefeiert werden! Kommt's doch mit und trinkt's einen Kaffee und ein Glaserl Sherry mit mir!"

Gehorsam trabten wir hinter ihr her wieder die Treppe hinauf. Ich hatte wenig Lust, Kaffee oder Sherry zu trinken, und überhaupt keine, im Schloß zu bleiben, aber es wäre natürlich unhöflich gewesen, das zu sagen.

Ich sah Alf an. Er zuckte verstohlen mit den Schultern, und ich verstand, daß er auch lieber verschwunden wäre, seine Mutter aber nicht verletzen wollte.

Dann saßen wir gesittet auf unbequemen, hart gepolsterten Rokokostühlen im Wohnzimmer von Alfs Mutter. Auf den Kommoden, Tischchen, Konsolen und Schränkchen standen mindestens zehn verschiedene Uhren. Sie waren sicher ein Vermögen wert, doch das ständige Schlagen und Ticken hätte mich auf die Dauer verrückt gemacht. Eine hatte sogar ein Spielwerk, das genau um drei Uhr „Üb immer Treu und Redlichkeit" klingelte, und Frau von Uhlenau erzählte stolz, diese Uhr sei ein Geschenk des Kaisers Franz Josef an einen ihrer Vorfahren gewesen.

„Wie gfallt's dir denn überhaupt bei uns, Julie?" fragte sie schließlich. Sie hatte doch jetzt tatsächlich meinen Vornamen behalten! „Ein bisserl regnerisch ist's halt, aber das ist nix Besonderes im Salzkammergut, daran gewöhnt man sich schon."

Ich versicherte, es würde mir sehr gut gefallen, und das mit dem Regen wäre nicht so schlimm. Dabei merkte ich, daß Alfs Mutter mir gar nicht zuhörte. Ihre Frage war wohl nur eine höfliche Redensart gewesen. In Wirklichkeit war es ihr sicher höchst gleichgültig, ob ich gern oder ungern hier war, ob ich blieb oder wieder verschwand. Sie dachte im Grunde nur an sich selbst.

Kaum hatte ich ausgesprochen, da erzählte sie schon wieder von ihrem Gedichtband, und daß ein junger Übersetzer für die französische Ausgabe vorgesehen sei, der sich in Paris selbst schon als

Dichter einen Namen gemacht hatte.

Ich muß zugeben, daß ich auch nicht richtig zuhörte. Ich dachte an ganz andere Dinge – nicht an mich, sondern an die Vorgänge in der Bibliothek. Die Schritte ... Ich glaubte ihren Klang noch immer zu hören: leichte, zierliche Schritte wie von einer Frau oder einem jungen Mädchen. Und dazu das Rascheln von Stoff, als hätte die Unsichtbare ein langes Kleid getragen.

Ein Schauder überlief mich. Ich trank den Sherry so hastig, daß ich mich verschluckte und krampfhaft hustete. Alf mußte mir mehrmals auf den Rücken klopfen, bis ich wieder richtig Luft bekam.

„Nur wirkliche Dichter werden in fremde Sprachen übersetzt", schwärmte Alfs Mutter und redete vor Begeisterung plötzlich hochdeutsch. „‚Liebste Baronin', hat mein Verleger heut zu mir gesagt, ‚das wird eine Sensation in Literaturkreisen!'" Sie seufzte verzückt und richtete den Blick zur Zimmerdecke. „Ich glaub, ich werde ein großes Fest geben – was meinst du, Alf? Ein Fest in unserem Ballsaal, das haben wir lang nimmer gehabt!" Sie war ganz hingerissen von ihrem Einfall. „Die Gäste werden aus Wien und Salzburg kommen und ein oder zwei Tage hier im Schloß wohnen, genau wie in alten Zeiten! Noch heut abend werd ich deshalb mit Karl-Ferdinand telefonieren."

Alf sah nicht besonders begeistert aus. „Ihr seid natürlich auch eingeladen, Kinder", fügte seine Mutter in meine Richtung hinzu. „Und Alf kann gern noch seinen Freund mitbringen, dann ist wenigstens auch ein bisserl junges Blut dabei. Wir werden eine Musikkapelle engagieren, und ..."

Ihr Redefluß vermischte sich mit dem Ticken der Uhren. Unter anderen Umständen wäre ich wahrscheinlich hocherfreut gewesen, einen Ball in einem Schloß zu erleben, ganz wie in historischen Filmen oder in einem Roman.

Doch im Augenblick konnte mich nicht einmal die Aussicht auf dieses Ereignis freuen. Meine Gedanken kehrten immer wieder in die Bibliothek zurück, so sehr ich mich auch bemühte, die Erinnerung an den Zwischenfall aus meinem Kopf zu vertreiben.

Wie sollte man in einem Haus fröhlich und unbeschwert feiern, in dem solche Dinge geschahen? Ich sah auf und begegnete Alfs Blick. Auch ihm stand das Unbehagen ins Gesicht geschrieben, und in seinen Augen war ein Ausdruck von Ratlosigkeit.

Eigentlich, dachte ich, war eine Frau wie Alfs Mutter zu beneiden. Hier gingen die seltsamsten Dinge vor, und sie schien überhaupt nichts davon zu bemerken, war ganz in ihre eigene Welt versunken und sah und hörte nichts von dem, was um sie herum vorging.

„. . . und ich werd meine neuesten Gedichte vortragen", sagte sie gerade. „Es soll schließlich nicht bloß gegessen und getrunken und getanzt werden . . ."

Plötzlich erklang ein Poltern an der Tür. Ich schrak heftig zusammen und dachte: Jetzt geht das schon wieder los! Warum sind wir bloß nicht rechtzeitig verschwunden? Doch Alfs Mutter sprach ganz ruhig weiter, als wäre nichts vorgefallen.

Die Tür wurde aufgestoßen, und Alice erschien auf der Schwelle, einen riesigen Spazierstock in der Hand, der fast so groß wie sie selbst war. Irgend etwas war auf der Spitze des Spazierstocks befestigt, ein ovaler Gegenstand, der elfenbeinfarben schimmerte.

„Buuuuuh!" schrie sie. „Bu-uh!"

Erst als sie den Stock schwenkte, sah ich, daß der ovale Gegenstand ein Totenschädel war. Seltsamerweise erschrak ich nicht; nicht einmal dann, als sich der Schädel vom Stock löste und durchs Zimmer bis fast vor meine Füße kollerte.

„Aber Spatzerl, was ist denn das? Ach, der Totenschädel aus dem Arbeitszimmer vom Papa!" sagte Frau von Uhlenau milde. „Was machst denn schon wieder für Sachen! Der Papa mag das bestimmt net leiden, daß du mit dem Kopf Spaßettln machst. Tu ihn gleich wieder auf den Schreibtisch zurück, wo du ihn hergeholt hast!"

Alice kümmerte sich überhaupt nicht um die sanfte Ermahnung. Mit einem Sprung war sie bei mir, kniete nieder und nahm den Totenkopf in beide Hände. Dann hob sie ihn so hoch, daß er mich direkt von unten herauf angrinste, und sah mich dabei halb herausfordernd, halb erwartungsvoll an.

Vermutlich hoffte sie, daß ich gleich einen hysterischen Anfall bekommen würde, doch diesen Gefallen tat ich ihr nicht. Vor derart „gewöhnlichen“ Geisterbahn-Gruselzutaten wie Totenköpfen und Skeletten fürchtete ich mich nach wie vor nicht, und der Versuch, mir Angst einzujagen, erschien mir kindisch.

Ich sagte also ganz gelassen: „Der sieht dir ja richtig ähnlich! Ist das vielleicht dein Urgroßvater gewesen?“

Alice war so verdutzt, daß ihr keine Antwort einfiel. Ich hörte, wie Alf sagte: „Eins zu null für dich, Julie!“ Dann stand er auf, kam zu uns und nahm seiner Schwester den Totenschädel aus der Hand.

„Du kannst einem wirklich auf den Geist gehen, Alice“, sagte er mit so viel kalter Wut in der Stimme, daß ich ihn überrascht ansah. Vermutlich hatte er in diesem Augenblick ganz einfach die Nase voll von seinem Heim und seiner Familie. „Ich würde alles mögliche darum geben, wenn wir dich endlich los wären!“

Nach allem, was ich hier seit meiner Ankunft mit Alice erlebt hatte, konnte ich seinen Ärger verstehen. Trotzdem fand ich das, was er sagte, ziemlich hart. Ich wartete darauf, daß seine Mutter ihn zurechtwies, doch sie hatte offenbar gar nicht zugehört. Sie sah verträumt aus dem Fenster und drehte an den Ringen, die an ihrem Finger blitzten.

Zu meinem Erstaunen sagte auch Alice sekundenlang kein Wort. Sie sah Alf nur an, und ich merkte, wie es in ihrem Gesicht zuckte. Ganz plötzlich brach sie in wildes Schluchzen aus, verbarg das Gesicht zwischen den Armen und weinte so verzweifelt, daß ihr ganzer Körper bebte.

Alf sah hilflos auf sie nieder. Obwohl Alice ein schreckliches Kind war, obwohl ich Alf verstand und dem Himmel dankte, daß ich selbst keine Schwester wie sie hatte, tat sie mir doch leid. Wie ein Häufchen Elend kauerte sie auf dem Teppich und wurde von Schluchzen geschüttelt. Vielleicht versuchte sie ja wirklich nur, auf ihre verdrehte Weise Aufmerksamkeit zu erregen, weil sich niemand so recht um sie kümmerte . . .

Frau von Uhlenau hob die Hand, faßte sich an die Stirn und

klagte: „Alice, ich bitt dich gar schön! Hör auf mit der Flennerei! Davon bekomm ich Kopfweh, das weißt du doch!" Und zu Alf gewandt, fügte sie hinzu: „Wenn ihr zwei euch streiten wollt, dann doch bittschön woanders als hier in meinem Zimmer! Ich mag das net, und es regt mich auf. Geh, drück auf den Klingelknopf, damit die Frau Renzi kommt und die Kleine wegbringt."

Ich sah auf Alice nieder und verstand plötzlich so manches. Bei einer solchen Mutter war es kein Wunder, daß die Kleine so schwierig und unleidlich geworden war. Ich fragte mich nur, weshalb Alf so ganz anders war als Alice. Erst später erfuhr ich, daß er bis zum Alter von fünf Jahren eine wirklich warmherzige Kinderfrau gehabt hatte, die ihm die Mutter ersetzte. Alice aber war immer nur so nebenbei vom Hauspersonal versorgt worden.

Frau Renzi kam und versuchte, Alice mit sich aus dem Zimmer zu ziehen. Das verzweifelte Schluchzen hatte sich inzwischen in zorniges Geheul verwandelt. Alice schlug und strampelte wild um sich. Ich beneidete Frau Renzi nicht um ihre Aufgabe.

Alfs Mutter verschwand eilig durch eine Verbindungstür ins Nebenzimmer, und Alf gab mir einen Wink. Ich folgte ihm auf den Flur hinaus und die Treppe hinunter. Noch in der Halle hörten wir Alices Gebrüll.

Alf tat erst wieder den Mund auf, als wir schon draußen waren und unsere Fahrräder aus der Remise holten. „Manchmal denke ich, ich werde hier noch verrückt", sagte er. „Wirklich, Julie. Du findest vielleicht, daß ich zu hart war, aber zeitweise könnte ich einfach nur wild um mich schießen wie ein Amokläufer. Das ist immer dann, wenn ich das Gefühl habe, daß ich von lauter Verrückten umgeben bin." Er sah mich von der Seite an. „Damit meine ich natürlich nicht dich!"

„Ich weiß", sagte ich ruhig. „Und ich kann verstehen, daß du die Beherrschung verloren hast. Nur – ich glaube, ich fange an, auch die Kleine zu verstehen. Sie hat's nicht leicht. Keiner mag sie. Sie ist völlig vernachlässigt."

„Sie macht's einem ja auch verdammt schwer, sie zu mögen!" erwiderte Alf bitter. „Sie gibt sich wirklich die größte Mühe, jedem auf die Nerven zu fallen." Er schüttelte den Kopf. „Aber laß uns jetzt nicht mehr davon reden. Je schneller wir von hier wegkommen, um so besser."

Ich sah zu den Fenstern der Bibliothek auf und dachte: Ja, je schneller, um so besser! Doch was nützte es schon? Wir konnten zwar entkommen, aber nur für eine kurze Frist. Das, wovor wir flüchten wollten, wartete irgendwo im Schloß auf uns, lauerte vielleicht schon jetzt auf unsere Rückkehr wie eine Katze auf ihre Beute.

10

Es wurde schon dunkel, als wir zurückkamen. Beim Anblick des Schlosses, das mit seinen Zinnen und Türmchen unter den jagenden Wolkenfetzen auf dem Berghang stand, umgeben von dunklen Tannen, fiel mir Jörgs Einladung wieder ein.

„Du kannst bei uns im Fremdenzimmer wohnen, Juli-e", hatte er mir erklärt. (Er sagte immer sehr betont „Juli-e", seit ich ihn darauf aufmerksam gemacht hatte, wie er meinen Namen aussprechen sollte.) „Meine Großeltern werden bestimmt keine Fragen stellen. Sie verlassen sich immer darauf, daß ich weiß, was ich tue und wen ich einlade."

Ich hatte sein Angebot abgelehnt. Mein Entschluß, Alf nicht allein zu lassen, stand fest. Doch als wir uns jetzt dem Schloß mit den wenigen erleuchteten Fenstern näherten, wünschte ich mir heftig, wir könnten umkehren, und mein Bruder könnte mit mir zusammen bei Jörg wohnen. Dafür hätte ich eine Menge gegeben.

Wir brachten unsere Fahrräder in die Remise. Dort brannte Licht – nur eine spärliche Glühbirne, die die Ecken und Winkel mit den alten Kutschen im Dunkeln ließ. Irgendwo hörte ich es rascheln und tappen, und als ich erschrocken über die Schulter sah, sagte Alf beruhigend: „Das ist bloß der Schürli. Er stellt wohl wieder seine

Fallen auf. Heuer haben wir eine richtige Mäuseplage."

Wirklich tauchte ein kleiner alter Mann mit einem verwitterten Hut auf dem Kopf und einer Mausefalle in der Hand zwischen den Kutschen auf und schlurfte auf uns zu. Er hatte einen erstaunlich langen Bart, der in der Mitte geteilt war und an den Enden spitz zulief, und seine Nase war rot und knollig wie eine Zwiebel.

„Biester!" brummte er. „Fressen überall Löcher in die Polster und nisten sich in den Kutschen ein. Wofür haben wir vier Katzen hier, das möcht ich mal wissen! Schleichen bloß faul herum und schauen zu, wie die Mäuse tanzen."

Alf sagte: „Schürli, das ist meine Schwester Julie."

Der Alte mit dem seltsamen Bart musterte mich flüchtig und ziemlich feindselig. Er murmelte: „Weiber! Immer noch mehr Weiber im Haus. Die sind wie die Mäuse, nisten sich überall ein."

Ich fand die Begrüßung nicht gerade sehr liebenswürdig, aber Alf lachte nur. „Julie ist nicht wie die anderen, Schürli", sagte er. „Sie ist in Ordnung."

Der Alte kümmerte sich jedoch gar nicht um ihn. Kopfschüttelnd schlurfte er weiter und murmelte etwas Unverständliches in seinen Bart.

„Mach dir nichts draus, es ist nicht gegen dich persönlich gerichtet. Der Schürli ist ein eingeschworener Weiberfeind", tröstete mich Alf.

„Die Ansicht von Leuten, die nur vorgefaßte Meinungen von ihren Mitmenschen haben, interessiert mich sowieso nicht", sagte ich laut und deutlich; so laut, daß „Schürli" mich hören mußte, wenn er nicht gerade ein Ohrenleiden hatte.

Alf grinste und schnitt eine Grimasse, die sein Gesicht im trüben Licht ziemlich scheußlich aussehen ließ. Ich sah dem Alten nach. Er hatte offenbar gehört, was ich gesagt hatte, denn er war stehengeblieben und warf einen Blick über die Schulter.

Vielleicht ist er es! schoß es mir plötzlich durch den Kopf. Vielleicht steckt er hinter dem ganzen Spuk.

Er verschwand zwischen den Kutschen, und wir hörten, wie eine Seitenpforte geöffnet und geschlossen wurde. Während ich neben

Alf die Remise verließ, wurde mir klar, wie unsinnig mein Verdacht war. Nur weil der Schürli ein Frauenhasser war und mich feindselig angesehen hatte, mußte er noch lange nicht auf die Idee kommen, durchs Schloß zu geistern. Außerdem hätte er übernatürliche Fähigkeiten haben müssen, um unsichtbar durch ein Zimmer zu laufen oder sich gegen eine Tür zu stemmen, ohne leibhaftig davor zu stehen.

Im Speisezimmer war der Tisch für uns gedeckt – mit kaltem Braten, verschiedenen Salaten und einer Schüssel voll Erdbeeren. Es sah gut aus, doch ich hatte keinen rechten Hunger. Ich nahm mir nur einen Teller voll Erdbeeren, kauerte mich auf die Fensterbank und starrte in die Dunkelheit hinaus.

Bald würde die Nacht hereinbrechen. Ein Schauder lief mir über den Rücken, als ich mir vorstellte, wie ich allein in meinem Zimmer lag und auf unheimliche Geräusche wartete – ein Klopfen vielleicht oder Schritte ... Ich konnte meine Tür versperren und die Fenster verriegeln, doch was nützte das schon?

„Julie", sagte Alf und setzte sich mit einer Schüssel voll Salat neben mich. „Wenn du Angst hast, heute nacht allein zu bleiben, nehme ich meinen Schlafsack und lege mich zu dir ins Zimmer."

Mir fiel ein Stein vom Herzen. „Du hast meine Gedanken erraten", gestand ich. „Ich habe gerade gedacht, daß ... Ja, ich wäre verdammt froh, wenn ich nicht allein schlafen müßte!"

„Ich auch", sagte er aufrichtig. „Es heißt zwar immer, daß Männer furchtlos und unerschrocken sein sollten, aber – na ja, ich bin's eben nun mal nicht. Du bist meine Schwester, dir kann ich das sagen!"

„Nicht nur mir." Ich lächelte ihn an. „Wenn alle Männer offen zugeben würden, daß sie auch mal Angst haben oder unsicher und traurig sind, wäre mit den idiotischen Vorstellungen vom ‚ganzen Mann' vielleicht endlich mal Schluß, und die Männer könnten menschlicher werden."

„Genau", bestätigte Alf. „Die Männer müssen sich emanzipieren!" Und dann sagte er dreimal ganz laut: „Ich habe Angst, ich habe Angst, ich habe Angst!"

„Ich auch", sagte ich. „Trotzdem, es könnte schlimmer sein, Alf. Wir sind wenigstens beisammen."

Wir unterhielten uns noch lange an diesem Abend, mein Bruder in seinem Schlafsack auf dem Teppich, ich im Bett. Alf hatte seinen Kassettenrecorder mitgebracht, und wir machten bis in die späte Nacht hinein Musik, als könnten wir damit alle unheimlichen Geräusche vertreiben. Über den Spuk in der Bibliothek sprachen wir nicht mehr. Ich glaube, Alf versuchte genau wie ich, wenigstens ein paar Stunden lang nicht daran zu denken.

Wir redeten über alles mögliche, bis wir zu müde waren, um noch einen klaren Gedanken zu fassen. Eigentlich wollte keiner von uns schlafen, denn wir wußten, daß wir im Schlaf wehrlos waren. Doch schließlich war die Müdigkeit stärker als unsere Furcht.

Alf schlief als erster ein. Ich hörte seine gleichmäßigen Atemzüge und hätte ihn am liebsten wieder geweckt. Eine Weile hielt ich mich noch krampfhaft wach und zählte die Schläge der Uhr. Sie schlug zweimal, also war es schon zwei Stunden nach Mitternacht. Dann schlief ich doch ein, ohne das Licht zu löschen.

Falls in dieser Nacht etwas geschah, so merkten wir jedenfalls nichts davon. Als ich am Morgen erwachte, kroch Alf gerade aus seinem Schlafsack, draußen sangen die Vögel, und die Nachttischlampe brannte noch.

„Ist etwas passiert?" fragte ich schlaftrunken und fuhr mit einem Ruck hoch.

Alf erwiderte: „Keine Ahnung. Falls etwas los war, haben wir's verschlafen."

Ich war ungeheuer erleichtert. Rasch stieg ich aus dem Bett und öffnete das Fenster. Die Sonne hing bleich zwischen Schleiern von Dunst, doch es regnete nicht mehr. Die Luft roch wunderbar frisch, die nassen Blätter funkelten. Über dem Uhlsee kreiste ein Raubvogel, und irgendwo auf den Berghängen bimmelten Kuhglocken.

Ich streckte die Arme aus, reckte mich und dachte: Wenn nur alles nichts als ein böser Traum gewesen wäre! Laut sagte ich: „Es ist so schön hier, fast wie im Märchen. Wenn nur . . ." Ich stockte und vollendete den Satz nicht.

„Auch im Märchen passieren schlimme und unheimliche Dinge“, erwiderte mein Bruder. Er hatte seinen Morgenmantel angezogen und trat neben mich ans offene Fenster.

„Nur daß im Märchen immer alles gut endet.“

Das aber war Wirklichkeit, und niemand wußte, wie es enden würde. „Spuk kann gefährlich sein“, hatte ich einmal in einer Zeitschrift gelesen; und ich erinnerte mich, daß ich damals dachte, was für ein Unsinn das doch war. Jetzt war ich nicht mehr so sicher.

„Diese Schritte“, sagte ich zögernd. „Alf, was könnte es nur gewesen sein? Gibt es irgendeine Erklärung dafür?“

Er stellte schaudernd den Kragen seines Morgenmantels hoch. Erst jetzt merkte ich, daß ich in meinem dünnen Nachthemd fror. Ich trat zurück und schloß das Fenster. Wir setzten uns nebeneinander auf die Bettkante und wickelten uns in Decken.

„Eine Erklärung?“ wiederholte mein Bruder. „Ich glaube nicht, daß es eine gibt, Julie. Jedenfalls keine, die wir mit unserem Verstand finden oder begreifen könnten. Ich nehme an, daß solche Dinge – Spuk oder übernatürliche Vorgänge oder wie man's auch immer nennen mag – sich nach eigenen Gesetzen vollziehen, die wir nicht kennen.“

„Es muß . . . dieses Wesen muß aus dem Fenster verschwunden sein!“ murmelte ich. „Gestern, in der Bibliothek, erinnerst du dich? Nachdem das Fenster geöffnet wurde, war *es* plötzlich nicht mehr da. Die Schritte, meine ich, und das Rascheln. Plötzlich schien alles wie weggeblasen. Oder hast du irgend etwas gespürt, als du am Fenster warst?“

Alf schüttelte den Kopf. „Nein, da war nichts. Es muß auch nicht unbedingt aus dem Fenster verschwunden sein“, sagte er nachdenklich. „Es kann sich ganz einfach so verflüchtigt haben, nicht ins Freie und nicht in einen anderen Raum – vielleicht in eine andere Bewußtseinsebene oder so . . .“

Er überlegte eine Weile. „Ich weiß selbst nicht recht, aber ich stelle mir vor, daß das ähnlich wie mit unseren Gedanken ist. Wir können uns doch in Gedanken ganz einfach an einen anderen Ort oder in eine andere Zeit versetzen, ohne uns auch nur einen Schritt von der Stelle zu bewegen. Vielleicht ist das bei solchen Erscheinungen ähnlich, daß sie einfach so frei wie Gedanken sind und keine Entfernungen zurücklegen müssen, daß sie sich überallhin versetzen können, ohne von Wänden oder Türen behindert zu werden."

Ich fand den Vergleich mit den Gedanken gut. Er klang einleuchtend. Und doch ... „Aber wenn wir irgendwo mit unseren Gedanken sind, können wir an diesem Ort doch nicht gehört werden und erst recht keine Gegenstände bewegen", wandte ich ein.

„Ja, ich habe auch nicht gesagt, daß es genauso funktionieren muß wie bei uns", erwiderte Alf. „Es ist überhaupt nur eine Vermutung. Und ein Geisterwesen, oder wie man's nennen will, ist ja mehr als nur ein Gedanke. Ich habe vor kurzem in einem Buch gelesen, daß Geisterwesen durchaus auch menschliche Gestalt annehmen können, wenn auch nur verschwommen wie eine Art Nebel, und daß sie andere, stärkere Kräfte als wir haben."

Ich dachte eine Weile über das nach, was er gesagt hatte. Etwas in mir weigerte sich noch immer, zu glauben, daß es so etwas wie Geistererscheinungen wirklich geben sollte, obwohl ich doch selbst etwas erlebt hatte, was ihr Vorhandensein zu beweisen schien.

Blitzartig ging es mir durch den Sinn, daß vielleicht alles durch eine Tonbandaufnahme bewerkstelligt worden war. Vielleicht hatte jemand irgendwo in der Bibliothek heimlich ein Tonband aufgestellt und es von einem anderen Zimmer aus bedient! Doch dann fiel mir das Fenster wieder ein. Der Knauf hatte sich ja bewegt, als hätte eine unsichtbare Hand daran gedreht. Und dann hatte sich das Fenster geöffnet.

„Alf", sagte ich rasch, „glaubst du, daß man ein Fenster durch Fernsteuerung öffnen könnte?"

Er sah mich von der Seite an. Natürlich wußte er sofort, worauf ich hinauswollte. „Vielleicht", sagte er langsam. „Ja, vielleicht könnte man das, aber ... Du, ich hatte so deutlich das Gefühl, daß jemand in der Bibliothek war. Jemand – irgendein Wesen! Da waren nicht nur die Geräusche, ich habe einfach auch eine Gegenwart gespürt, genau wie die Katze! Du etwa nicht?"

Widerstrebend mußte ich zugeben, daß das stimmte. Jemand war an uns vorbeigegangen. Es waren nicht nur die Schritte allein gewesen, nicht nur das Rascheln. Es war mehr gewesen – etwa so, wie man die körperliche Gegenwart eines Menschen spürt, wenn man mit ihm zusammen in einem dunklen Raum ist. Trotzdem – es konnte ja niemand gewesen sein, der einen Körper hatte wie wir, kein menschliches Wesen!

„Herrje", sagte Alf plötzlich in meine Überlegungen hinein, „es ist schon halb zehn, Julie! Höchste Zeit fürs Frühstück!"

Er verschwand in sein Zimmer, um sich anzuziehen, und ich ging ins Bad, putzte mir rasch die Zähne und machte Katzenwäsche. Eine Viertelstunde später saßen wir schon am Frühstückstisch.

Der Kaffee duftete verlockend, frische Blumen standen auf dem Tisch, und sogar die Sonne kam immer mehr zwischen den dünnen Wolkenschleiern hervor und warf warme Lichtbahnen über die Teppiche. Nicht einmal Alice war da, um Mißstimmung zu verbreiten. Und alles war so friedlich und gepflegt wie in einem Werbefilm für Ferien auf einem Schloß in Österreich.

Dann erschien Frau Renzi mit düsterem Gesicht und verkündete, daß eine kostbare chinesische Vase im Herrenzimmer zerbrochen auf dem Boden vorgefunden worden war, und vorbei war's mit dem Frieden.

„Das ist jetzt schon das achtemal innerhalb von wenigen Wochen, daß etwas kaputtgegangen ist", sagte sie entrüstet. „Ausgerechnet diese Vase! Sie ist ein kleines Vermögen wert, das hat mir der gnädige Herr selbst einmal gesagt." Sie schüttelte den Kopf. „Ich hab jedes von den Mädchen einzeln gefragt, aber natürlich behauptet jede, sie wäre nicht mal in die Nähe des Herrenzimmers gekommen. Aber eine muß es ja gewesen sein, so eine große Vase fällt schließlich nicht von selbst herunter!"

Sie wischte ein Stäubchen von der polierten Platte des Beistelltisches und fügte hinzu: „Ich tippe ja auf die Lina. Sie ist recht anstellig, aber ein furchtbarer Tolpatsch. Dabei behauptet sie steif und fest, sie hätte die Vase nie angefaßt!“

„Ich glaube auch nicht, daß sie es gewesen ist“, sagte Alf ernst. „Ich halte die Lina für grundehrlich, Frau Renzi. Wer weiß, vielleicht ist ein Luftzug im Herrenzimmer entstanden, weil jemand Türen und Fenster offengelassen hat, und die Vase ist von einem Windstoß umgeworfen worden. Gestern hatten wir ja ziemlich starken Wind.“

Frau Renzi war offenbar durchaus nicht überzeugt. „Nein, Alf, das glaub ich net. Die Vase hat doch so geschützt auf der Kommode in einer Nische gestanden. Vielleicht ist's aber auch die Frau Köberl gewesen, wie sie die Vorhänge zum Waschen abgenommen hat“, fügte sie nachdenklich hinzu.

„Ich find's nicht gut, irgend jemanden zu verdächtigen“, erwiderte Alf mit unbehaglicher Miene. „Schließlich haben wir keine Ahnung, wie es passiert ist!“

„Aber jemand muß es doch gewesen sein! Und so kann das auch net weitergehen. Fast jede Woche passiert etwas – und das bei all den wertvollen Sachen hier . . . Wir müssen den Vorfall natürlich der gnädigen Frau melden.“

Sie warf Alf einen vorwurfsvollen Blick zu und ging aus dem Zimmer. Ich schob meine Tasse und den Teller mit dem Marmeladenbrötchen beiseite. Das Frühstück schmeckte mir plötzlich nicht mehr.

11

Einen Tag später fuhren wir nach Salzburg.

„Also ich halt's hier einfach nicht mehr aus!“ hatte Alf gesagt. „Dauernd warte ich darauf, daß irgend etwas Scheußliches passiert. Wenn man wenigstens den ganzen Tag im Freien sein könnte, aber das Wetter spielt ja auch mal wieder verrückt!“

Noch am Abend fragten wir Jörg, ob er mitkommen wollte. Er

war froh über die Abwechslung. „In den Ferien ist's hier auf die Dauer stinklangweilig“, sagte er.

„Wenn du etwas erleben willst, brauchst du bloß zu uns aufs Schloß zu kommen“, erwiderte mein Bruder prompt.

Da die Strecke mit dem Fahrrad für einen Tagesausflug zu weit war, schlug Jörg vor, per Anhalter zu fahren. Alf aber war mehr für den Bus. „Zur Zeit sind fast nur Urlauber unterwegs, die nehmen Leute in unserem Alter nicht so gern mit; besonders nicht, wenn einer davon so ein langhaariger Bursche ist!“ Und er warf Jörg einen vielsagenden Seitenblick zu.

Die beiden stritten sich eine Weile in aller Freundschaft herum. Das Ergebnis war, daß wir mit dem Linienbus fuhren. Ich war richtig glücklich, aus dem Schloß wegzukommen. Mit jedem Kilometer, den wir zurücklegten, schienen die Ereignisse der letzten Tage zu verblassen.

An den Regen hatte ich mich inzwischen schon fast gewöhnt. Wir hatten unsere Regenumhänge mitgenommen und trugen Gummistiefel, waren also gut gegen die Nässe geschützt; und ich dachte, daß Salzburg im Regen immer noch besser war als Schloß Uhlenau bei Sonnenschein.

Wir verbrachten wirklich einen herrlich unbeschwerten Tag. Ich kaufte ein Gewürzsträußchen als Mitbringsel für meine Mutter und Mozartkugeln für meine Freundin. Dann setzten wir uns in das berühmte Café Tomaselli, aßen Linzer Torte, tranken Kaffee und machten uns über die Scharen von Touristen lustig, die an den Fenstern vorüberzogen.

Anschließend gingen wir in eine Buchhandlung. Alf und Jörg kauften ein paar Bücher, die auf dem Land nicht zu haben waren, führten mich dann zu dem alten Salzburger Friedhof und zeigten mir ein paar Gäßchen, in die sich kaum jemals ein Tourist verirrte.

Ich fand Salzburg liebenswert und anheimelnd, trotz des Regens. In einer uralten, holzgetäfelten Wirtsstube aßen wir Salzburger Nockerln, bis uns fast schlecht war, und als wir bezahlt hatten, sagte Alf: „Jetzt besuchen wir Tante Lily. Sie hat einen Antiquitätenladen in der Nähe vom Schloß Mirabell.“

„Tante Lily? Ist das die mit den Puppen?“ fragte ich.

Alf nickte. „Ja. Ich werd's ihr schonend beibringen müssen, daß die kleine blaue Puppe zerbrochen ist. Aber Tante Lily ist ganz in Ordnung.“

„Meinst du die Tante, die immer mit dem uralten Mercedes umherfährt?“ fragte Jörg.

„Ja. Alte Puppen und alte Autos sind ihr Hobby. Früher hatte sie einen fabelhaften Daimler, der ist inzwischen im Museum gelandet.“

Wir wanderten also über die Staatsbrücke in den neueren Teil Salzburgs. Ich war ziemlich neugierig auf Tante Lily. Falls sie ihrer Schwester, Alfs Mutter, ähnlich war, konnte ich bestimmt nicht viel mit ihr anfangen. Doch das sagte ich natürlich nicht.

Glücklicherweise war sie ein ganz anderer Mensch, sowohl äußerlich als auch im Wesen. Sie stand in ihrem vornehmen Antiquitätenladen und bediente eben zwei dicke Amerikanerinnen, als wir kamen.

Tante Lily war eine große, schlanke Frau mit dunklen Haaren und einem gerade geschnittenen Kleid aus indianisch gemustertem Stoff. Die Amerikanerinnen erklärten gerade wortreich, daß sie geschnitzte Engelsköpfe suchten, wie sie „immer in den ländlichen Kirchen herumhängen“, und Tante Lily lächelte uns verstohlen zu und schnitt eine Grimasse, als die beiden nicht hinsahen.

Wir sahen uns einstweilen in ihrem Laden um. Überall lagen, standen und saßen kostbare alte Puppen. Ich fand die kleinen Gesichter mit den starren Augen und den Kußmündchen fast ein wenig unheimlich. Jörg und Alf interessierten sich für eine Sammlung indonesischer Masken, und endlich zogen die Amerikanerinnen zufrieden mit einem grinsenden, pausbäckigen Engel ab.

„Sie verstehen selten etwas von Kunst, aber Geld haben sie“, bemerkte Tante Lily, als sich die Tür hinter ihnen geschlossen hatte.

Alf stellte mich vor, und auch Tante Lily sagte nach einem forschenden Blick in mein Gesicht: „Du siehst deinem Vater ähnlich, Mädchen. Ich find's wirklich gut, daß ihr beide jetzt Kontakt zueinander habt."

Dann sah sie Jörg an. „Ihr Gesichtsschnitt gefällt mir", erklärte sie geradeheraus. „Sie sind mir schon mal aufgefallen, als ich in Uhlenau war. Hätten Sie etwas dagegen, wenn ich Ihr Gesicht modellieren würde? Dazu müßten Sie mir allerdings Modell stehen. Nicht sofort, aber wenn ich mal wieder für ein paar Tage auf dem Schloß bin."

Jörg sah verlegen drein, und Alf lachte. „Da siehst du mal, was für eine auffallende Schönheit du bist!" spöttelte er.

„Unsinn", sagte seine Tante. „Er sieht aus wie ein mittelalterlicher Page, und das findet man selten unter den Wohlstandsgesichtern unseres zwanzigsten Jahrhunderts. Natürlich müßten Sie nicht umsonst Modell stehen. Auch junge Leute haben ihre Zeit schließlich nicht gestohlen."

Jörg sagte zu, noch immer etwas verlegen, und ich dachte, daß Alfs Tante mir gefiel. Sie war so direkt und stand mit beiden Beinen fest auf der Erde, ganz im Gegensatz zu ihrer Schwester. Ich musterte sie und überlegte kurz, ob wir sie nicht ins Vertrauen ziehen sollten. Doch sie wirkte auf mich nicht wie ein Mensch, der leicht bereit ist, an übernatürliche Vorgänge zu glauben. Sie zweifelte sicher alles an, was sich nicht mit Logik und Vernunft erklären ließ. Vielleicht, wenn sie solche Dinge selbst erlebte, wenn sie mit eigenen Augen sah, was vorging – dann hätte sie uns möglicherweise geglaubt . . .

Das Wort „Puppe" drang an meine Ohren, und ich richtete meine Aufmerksamkeit auf Alf. Er erzählte seiner Tante gerade, daß eine ihrer Puppen zerbrochen war. „Die kleine im blauen Kleid, die auf dem Tischchen in einem der Gästezimmer saß, zusammen mit einer größeren", erklärte er.

„Ach, die!" Sie sah ihn aufmerksam an. „Das war eine Heinrich-Handwerck-Puppe, ziemlich wertvoll. Liebhaber zahlen heute an die siebentausend Schilling für so ein Stück. Wie ist es denn passiert?"

„Keine Ahnung, Tante Lily", erwiderte mein Bruder, ohne sie anzusehen. „Julie und ich haben sie gefunden, wie sie zerbrochen auf dem Boden lag."

Von den geheimnisvollen Hintergründen dieses Vorfalls erwähnte er nichts, und seine Tante sagte: „Wahrscheinlich war's eines der Dienstmädchen. Ich muß meine Puppen wohl zu mir nach Salzburg holen, ehe noch mal etwas passiert.“ Sie sah auf ihre Armbanduhr. „Habt ihr schon gegessen?“

„Ja“, erwiderte ich. „Salzburger Nockerln.“

„Na, dann seid ihr bestimmt plumpsatt, zumindest vorerst.“ Sie lächelte uns an. „In einer Stunde mache ich meinen Laden dicht. Ich wollte heute abend in ein Experimentiertheater gehen – wäre das nichts für euch junge Leute? Karten könnte ich schon noch organisieren.“

„Au ja, gern!“ sagte Jörg, und Alf fragte fast gleichzeitig: „Aber wie kommen wir dann noch nach Uhlenau? Der letzte Bus geht um neun Uhr.“

Seine Tante überlegte. „Ich bringe euch zurück“, versprach sie. „Ich kann über Nacht bleiben und morgen früh wieder nach Salzburg fahren. Den Laden mache ich sowieso immer erst nachmittags auf. Dann nehme ich gleich meine Puppen mit.“

Wir gingen wirklich mit Alfs Tante ins Theater – in Jeans und Gummistiefeln –, und ich vergaß über all den neuen Eindrücken fast, was mich beunruhigte. Nach der Vorstellung lud uns Tante Lily noch zu einem Glas Wein ins Gasthaus *Zum Wilden Mann* ein. In höchst vergnügter Stimmung ließen wir Salzburg hinter uns und fuhren in Tante Lilys altem Mercedes durch das dunkle Land nach Uhlenau zurück. Mitternacht war schon vorbei, als wir Jörg vor dem Haus seiner Großeltern absetzten und das Schloß erreichten.

Nur in den Zimmern, die Alfs Mutter bewohnte, brannte noch Licht. Wir bedankten uns bei Tante Lily für den schönen Abend, doch kaum traten wir ins Gruselkabinett, war meine Munterkeit verflogen. Mir war zumute wie einem Verurteilten, dessen Gnadenfrist abgelaufen ist.

Die ausgestopften Tiere starrten in stummem Vorwurf auf uns nieder. Alfs Tante schüttelte sich leicht und sagte: „Wie man sich bloß mit all dem toten Viehzeug umgeben mag! Man kommt sich vor wie in einem Gruselkabinett.“

Wider Willen mußte ich kichern. „Genauso nennen wir die Halle auch", sagte ich.

Alfs Tante ging in den Seitenflügel des Schlosses, in dem Frau von Uhlenau wohnte, und wir stiegen weiter die Treppe hinauf. „Willst du, daß ich wieder bei dir im Zimmer schlafe?" fragte Alf. Auch er wirkte nach dem unbeschwerten Tag und dem vergnügten Abend plötzlich ernüchtert. Ich fand, daß er müde aussah.

„Nein", sagte ich tapfer. „Schlaf in deinem eigenen Bett, du kannst doch nicht jede Nacht im Schlafsack auf dem Boden liegen. Es wird schon nichts passieren."

„Bestimmt nicht", versicherte er, aber es klang nicht sehr überzeugt. „Wenn doch etwas passiert, schlag einfach Lärm. Schrei, so laut du kannst. Wir sind hier so abgelegen, daß dich sowieso keiner außer mir hört."

Das war nicht besonders tröstlich, wenn man bedachte, daß Alf selbst von sich gesagt hatte, man könnte „Kanonen neben ihm abschießen", wenn er schlief.

„Wahrscheinlich werde ich sowieso nichts merken", sagte ich. „Wein macht mich immer müde, und ich hab mindestens drei Gläser getrunken."

Dann ging jeder von uns in sein Zimmer. Ich machte Licht und verriegelte die Tür. Eines der Fenster stand noch weit geöffnet, und die kühle Nachtluft erfüllte den Raum. Es roch nach Tannen und Harz. Ein Nachtfalter taumelte um die Lampe.

Ich zog die Vorhänge vor, um zu verhindern, daß Mücken ins Zimmer kamen, fing den Nachtschmetterling und ließ ihn frei. Alles war sehr still. Ich hörte nur die Bäume leise rauschen. Die Vorhänge bewegten sich im Luftzug.

Mein Herz klopfte wild, obwohl es eigentlich nichts gab, was mich hätte erschrecken können. Ich setzte mich auf die Bettkante und zog mit einiger Mühe die Gummistiefel aus.

Eine Weile blieb ich sitzen und kämpfte mit meiner Angst. Es gibt keinen Grund, sich zu fürchten, sagte ich zu mir. Alles ist ruhig, und außer mir ist niemand im Zimmer . . .

Es nützte nichts. Ich wurde nicht ruhiger, meine Angst ließ sich nicht vertreiben. Ich wollte aufstehen und zu meinem Bruder gehen, aber die Furcht lähmte mich. Ich saß wie erstarrt da, unfähig, mich zu bewegen.

Dann, ganz plötzlich, hörte ich ein leises Geräusch, eine Art Surren oder Schnurren. Eine innere Stimme sagte mir: Sieh dich nicht um! Mach die Augen zu, sieh nicht hin!

Doch eine unwiderstehliche Macht, eine Art selbstquälerischer Neugier zwang mich, in die Richtung zu sehen, aus der das Geräusch kam.

Das Licht der Deckenlampe reichte nicht aus, um die Ecken und Winkel des großen Zimmers ausreichend zu beleuchten. Trotzdem sah ich es, das alte, mit Perlmuttplättchen verzierte Spinnrad in der Nische zwischen Schrank und Truhe, das mir so gut gefiel. Ein Spinnrad, das mich an das Märchen vom Dornröschen erinnert hatte. Es stand dort im Halbdunkel, und ich sah genau, daß es sich bewegte: Das Rad drehte sich rasch, wie von unsichtbarer Hand angetrieben, und die Perlmuttplättchen blinkten matt.

Mir war plötzlich leicht übel. Ein sinkendes Gefühl war in meiner Magengegend, und eine seltsame Schwäche breitete sich in meinen Gliedern aus. Ich schluckte; meine Kehle war so trocken.

Wie gebannt starrte ich auf das Spinnrad, das sich unaufhörlich drehte, während sich das Trittbrett rhythmisch auf und nieder bewegte, als würde es von einem unsichtbaren Fuß betätigt.

Es klackte und klapperte leise, wenn es den Boden berührte, und das Rad surrte und schnurrte wie eine dicke, zufriedene Katze . . .

Jetzt war mir wirklich übel. Ich sprang auf, war mit ein paar Sätzen an der Tür und versuchte, sie zu öffnen. Doch sie war verriegelt; ich selbst hatte den Riegel vorgeschoben.

Mit zitternden Fingern schob ich ihn wieder zurück, und das leise Surren und Klappern füllte meine Ohren mit hassenswerter, hämischer Hartnäckigkeit.

Mein Mund war voller Speichel. Ich schluckte krampfhaft. Endlich war die Tür offen. Ich stürzte auf den Flur, ohne sie hinter mir zu schließen.

Ich nahm mir nicht Zeit, den Lichtschalter zu finden. Der schwache Lichtschein aus meinem Zimmer mußte genügen. Stolpernd lief ich ins Badezimmer, zog die Tür hinter mir zu und beugte mich über das Waschbecken. Ein furchtbares Gefühl von Ekel würgte mich, doch ich konnte mich nicht übergeben. Kalter Schweiß trat mir auf die Stirn. Meine Knie und Hände zitterten.

Endlich hörte das Würgen auf. Im Spiegel war mein Gesicht kreidebleich. Ich drehte den Wasserhahn auf und ließ eiskaltes Wasser über mein Gesicht laufen. Meine Haare wurden naß, und ein Teil des Wassers lief mir in den Halsausschnitt, doch es störte mich nicht. Ich fühlte mich wieder besser, die Übelkeit war vorbei.

Dann stand ich an der Badezimmertür und lauschte. Auf dem Korridor war alles still. Das Surren und Klappern schien verstummt zu sein – oder besser: Ich hörte es nicht bis hierher.

Ein Schauder lief mir über den Rücken. Eines wußte ich genau: In dieser Nacht würde ich nicht in mein Zimmer zurückkehren.

Es dauerte lange, bis ich den Mut fand, das Bad zu verlassen. Das Licht in meinem Zimmer brannte noch, doch ich kümmerte mich nicht darum. Auf Strümpfen schlich ich zu Alfs Tür und drehte den Knauf. Zum Glück hatte er den Riegel nicht vorgeschoben. Leise öffnete ich.

Ich flüsterte seinen Namen, doch er antwortete nicht. Rasch machte ich Licht. Mein Bruder lag im Bett und schlief fest; ich sah nur seine schwarzen Locken zwischen Kopfkissen und Bettdecke.

Er merkte nicht, wie ich in sein Zimmer kam und die Tür hinter mir abschloß. Der Schlafsack, den er vergangene Nacht benutzt hatte, lag auf einem Sessel. Ich nahm ihn, legte ihn neben Alfs Bett auf den Teppich, zog die Jeans und den Pullover aus und kroch hinein. Das Licht ließ ich brennen.

Alf merkte nichts von allem; er schlief. Ich aber lag die ganze Nacht wach.

12

Schon ein paar Tage später waren die Vorbereitungen für das Fest in vollem Gang.

In Salzburg wurden Einladungskarten gedruckt, und Alf und ich mußten über hundert Adressen auf Briefumschläge schreiben, die Karten einstecken, die Umschläge zukleben und mit Briefmarken versehen. Ein Putzgeschwader rückte aus dem Dorf an und fiel wie ein Ameisenschwarm übers Schloß her. Im Ballsaal wurden Leitern aufgestellt und die Flügeltüren und der Kronleuchter geputzt, die Polsterbänke wurden geklopft und gesaugt, die schweren Samtgardinen abgenommen und gewaschen. In den Gästezimmern wurde gelüftet und saubergemacht, Palmen und exotische Pflanzen wurden aus dem Wintergarten geholt und in den Ballsaal gebracht.

Frau Renzi eilte mit hochrotem Gesicht und irrem Blick durchs Schloß und stand kurz vor einer Nervenkrise, der Gärtner beschnitt die Buchsbaumhecke, die die Auffahrt säumte, und harkte unter gemurmelten Verwünschungen das Unkraut aus den Kieswegen. Alfs Mutter tauchte mit wehenden Chiffonröcken einmal hier, einmal dort auf, um „nach dem Rechten zu sehen", stiftete aber nur Verwirrung, und die Köchin bekam Streit mit dem Schürli und drohte mit Kündigung.

Auch das Wetter spielte verrückt. Es war wie im April; einmal schien die Sonne vom klarblauen Himmel, eine Stunde später konnte es schon regnen oder stürmen, und eines Nachmittags wurden Alf, Jörg und ich beim Baden von einem Gewitter überrascht.

Wir verschwanden jetzt aus dem Schloß, so oft es nur ging. Nachts schlief ich seit dem Vorfall mit dem Spinnrad auf einem Matratzenlager in Alfs Zimmer. Nachdem wir auch mein Gepäck in seinem Schrank verstaut hatten, betrat ich mein ehemaliges Zimmer nicht mehr; ich machte sogar jedesmal unwillkürlich einen Bogen, wenn ich an der Tür vorüberkam.

Eine Woche war seit diesem Umzug vergangen, und nichts Ungewöhnliches war mehr geschehen. Trotzdem sagte mir ein Gefühl, daß der Spuk noch nicht vorüber war. Viel eher erschien mir diese Zeit wie eine Ruhepause vor dem Sturm. Sooft ich im Schloß war, wartete ich angespannt darauf, daß etwas passieren würde; doch bis auf die fieberhafte Geschäftigkeit wegen des bevorstehenden Balles ereignete sich nichts. Keine Gegenstände zerbrachen mehr, nichts bewegte sich von selbst. Wir hörten keine geheimnisvollen Schritte und kein Klopfen an Türen. „Vielleicht ist's dem Poltergeist zu laut und zu hektisch bei euch geworden", meinte Jörg und grinste ziemlich frech.

Alf schnitt eine Grimasse in seine Richtung. „Wenn du an unserer Stelle wärst, würde dir das Lachen schon vergehen, ich schwör's dir", sagte er. „Aber im Ernst, vielleicht hat er sich jetzt wirklich verkrümelt!"

Wie so oft, wenn wir mit Jörg zusammen waren, sprachen wir mit einer Art Galgenhumor über den Spuk, um unsere Angst zu überspielen. „Vielleicht ist er in ein anderes Schloß übersiedelt, wo die passende Atmosphäre für ihn ist: still, gruselig und von Moderdüften durchweht . . ."

Wir sagten immer „er"; wohl, weil wir angefangen hatten, an einen Poltergeist zu glauben. Doch im tiefsten Innern vermutete ich eher, daß eine Frau mit diesem Spuk in Verbindung stehen mußte, weil ich die leichten, zierlichen Schritte in der Bibliothek nicht vergessen hatte. Das waren nicht die Schritte eines Mannes gewesen – falls solche Unterscheidungen bei Geisterwesen überhaupt möglich waren . . .

„Vielleicht wartet er aber auch nur auf seinen großen Auftritt", meinte Jörg. „Vielleicht taucht er während des Balles auf und erschreckt die Tattergreise so, daß sie der Schlag trifft!"

Mein Bruder lachte, aber es klang nicht besonders belustigt. Ich wußte, daß ihn die Sache belastete, mehr noch als mich. Ich war ja nur vorübergehend im Schloß, während er hier lebte. Ihn betraf der

Spuk viel mehr als mich. Es muß etwas geschehen, dachte ich wieder – aber was nur?

Die Antworten auf die Einladung zum Ball trafen dutzendweise mit der Post ein. Viele Umschläge mit aufgedruckten Wappen und Krönchen waren dabei, und Alfs Mutter erzählte uns täglich voller Genugtuung, wie viele bedeutende Leute wieder zugesagt hätten.

„Es wird *das* gesellschaftliche Ereignis dieses Sommers!" schwärmte sie. „Die Zeitungen werden darüber schreiben, und man wird noch lange davon reden." Damit hatte sie sogar recht – doch ich glaube nicht, daß es ihr gefallen hätte, wenn sie geahnt hätte, welch traurige Berühmtheit dieser Ball erlangen sollte.

Von Alice sahen wir in diesen Tagen nur wenig. Sie spielte im Garten oder auf ihrem Zimmer, immer allein. Ihre Einsamkeit schien niemandem ungewöhnlich vorzukommen.

„Daran ist sie gewöhnt", sagte Alf einmal auf meine Frage. „Alice würde sich sowieso nicht mit anderen Kindern vertragen. Jedesmal, wenn wir Besuch von Bekannten haben, die ihre Kinder mitbringen, gibt's furchtbaren Streit. Einmal hat sie einem gleichaltrigen Jungen zwei Zähne ausgeschlagen, und den kleineren Mädchen macht sie regelmäßig die Puppen kaputt. Am schlimmsten war's, als die Tochter eines amerikanischen Diplomaten hier war. Sie trug ein teures Seidenkleid mit Schleifen und Rüschen, ein scheußliches Ding. Aber alle Gäste konnten sich kaum noch beruhigen, wie entzückend die Kleine doch in ihrem Kleid aussah. Da hat Alice sie später im Garten an einen Baum gefesselt und ihr Kleid mit Kuhmist beschmiert, den der Karl zum Düngen hernehmen wollte."

Natürlich mußte ich lachen. Trotz allem stellte ich es mir aber schlimm vor, wie Alice als einziges Kind in einem so großen, abgeschiedenen Haus zu leben und keine Spielgefährten im gleichen Alter zu haben. Ob sie sich nicht manchmal fürchtete, wenn sie so allein war?

„Seltsam", sagte ich. „Hat Alice eigentlich noch nie etwas von dem Spuk gesagt?"

Alf schüttelte den Kopf. „Nie. Wenn sie etwas in der Art erlebt hätte wie wir, müßte sie sich doch fürchten, nicht? Aber sie scheint keine Angst zu haben."

Ich sagte langsam: „Ja. Eigentlich scheint bisher keiner außer uns beiden etwas Unheimliches erlebt zu haben – abgesehen von den zerbrochenen Gegenständen. Und wenn sie zu Bruch gegangen sind, ist offenbar nie jemand dabeigewesen."

„Bei meiner Mutter bin ich nicht sicher", meinte Alf. „In ihrer Gegenwart könnte durchaus schon mal etwas passiert sein, ohne daß sie es bemerkt hat."

Im Schloß wurde es von Tag zu Tag turbulenter. Im Treppenhaus wurden Bilder entstaubt, Fenster und Türen geputzt, Verzierungen poliert. Überall standen Leitern und Eimer herum, Leute tauchten auf, die ich noch nie gesehen hatte, es roch nach frischer Farbe und Putzmitteln. Eine Schneiderin kam, um das Modellkleid zu ändern, das Alfs Mutter vor kurzem in Wien gekauft hatte und das ihr nun plötzlich nicht mehr gefiel.

Auch ich begann mir Gedanken zu machen, was ich zum Ball anziehen sollte. In meinem Gepäck waren ja nur Jeans, Hemden und Pullover; nichts, was sich für ein Fest geeignet hätte.

Schließlich rief ich meine Mutter an, und sie versprach, mein langes indisches Kleid mit der Stickerei zu schicken, das ich zu meinem letzten Geburtstag bekommen hatte.

Das Päckchen mit dem Kleid kam am Freitag, zusammen mit einem Brief meiner Mutter. Sie schrieb, wie froh sie sei, daß ich auf Schloß Uhlenau so gut aufgenommen worden war und daß es mir so gut gefiel. Sie konnte ja nicht wissen, daß es in Wirklichkeit ganz anders war – daß ich hier bis auf wenige Augenblicke in ständiger Angst lebte und nur Alf zuliebe blieb.

Nachdem ich den Brief gelesen hatte, ging ich in die Küchengefilde, um mir ein Bügeleisen auszuleihen, da das Kleid ziemlich zerknittert angekommen war. Dabei geriet ich mitten in eine Auseinandersetzung zwischen der Köchin und einem Hausmädchen. Frau Renzi eilte mir entgegen und führte mich ins Bügelzimmer, wo Körbe von Wäsche um einen großen Tisch standen.

Der Raum war zu ebener Erde, und ich beobachtete durchs offene Fenster, wie der Gärtner Karl eine Girlande aus Fichtenzweigen aus dem Gewächshaus zur Freitreppe schleppte. Als ich zu bügeln begann, hörte ich irgendwo im Schloß Alice mit lauter Stimme ein Lied singen.

Es war nicht leicht, die Falten zu glätten, die sich zwischen den Stickereien am Ausschnitt gebildet hatten. Ich machte sie etwas feucht und drückte fest mit der Spitze des Bügeleisens dagegen, als plötzlich etwas durchs offene Fenster geflogen kam und polternd auf dem Fußboden landete.

Überrascht sah ich auf. Wieder sausten mehrere kleine, schwarze Gegenstände durchs Fenster. Einer davon streifte mich um ein Haar.

Unwillkürlich trat ich einen Schritt zurück, doch nun kam nichts mehr durchs Fenster geflogen. Als ich auf den Boden sah, entdeckte ich, daß dort kleine Kohlenstücke lagen, etwa ein Dutzend oder mehr.

Jemand hatte die Kohlenstücke ins Bügelzimmer geworfen. Mit einem Satz war ich am Fenster und beugte mich hinaus. Außer dem Gärtner, der ein gutes Stück von mir entfernt auf der Leiter stand und sich fluchend abmühte, die Girlande über der Tür anzubringen, war weit und breit niemand zu sehen. Doch vielleicht verbarg sich jemand hinter einer Ulme oder in der Buchsbaumhecke, die die Auffahrt säumte.

Diesmal hatte ich keine Angst, denn ich hielt den Vorfall für einen Streich, hinter dem entweder Alice oder irgendein Dorfjunge steckte. Trotzdem wurde mir in dem kahlen, abgelegenen Raum plötzlich unheimlich zumute. Ich schaltete das Bügeleisen aus, nahm mein Kleid, ohne mich noch um die verbliebenen Knitterfalten zu kümmern, und trat auf den Flur.

Eines der Hausmädchen kam aus der Küchentür, gerade als ich dort vorüberging. Unwillkürlich sagte ich: „Jemand hat Kohlenstücke ins Bügelzimmer geworfen."

Sie starrte mich einen Augenblick schweigend an. „Schon wieder?" entgegnete sie dann zu meiner Überraschung. „Das ist mir auch schon passiert – zweimal sogar."

„Vielleicht war's Alice", sagte ich. „Es könnte ja sein, daß sie so etwas für lustig hält."

„Die Kleine?" Das Hausmädchen schüttelte den Kopf. „Nein, die kann's nicht gewesen sein. Letztesmal, als es passierte, lag sie mit Fieber im Bett. Das weiß ich genau, weil ich Frau Renzi extra deswegen gefragt hab. Ich hatte sie nämlich auch in Verdacht. Ähnlich sehen würde es ihr ja."

„Dann ist's vielleicht irgendein Junge aus dem Dorf gewesen", meinte ich.

„Vielleicht", sagte sie, doch es klang nicht sehr überzeugt. Auch der Blick, mit dem sie mich streifte, war rätselhaft. Ich ging weiter zum Gruselkabinett, und als ich die Treppe erreichte, rutschte Alice gerade in halsbrecherischem Tempo das Treppengeländer herunter.

Ein Stück über mir sprang sie plötzlich mit affenartiger Behendigkeit vom Geländer auf eine Stufe, hob die Arme, spreizte die Finger und schrie: „Verschwinde von hier, oder du bist des Todes!"

Unsere Augen waren fast auf gleicher Höhe, da sie mehrere Stufen über mir stand. Ihr Gesicht war zart und dünn, und sie hatte die Lippen leicht zurückgezogen, so daß man ihre Vorderzähne sah. Die blonden Haare standen wirr um das kleine Gesicht. Wie immer strahlte alles an ihr Angriffslust aus: die Haltung ihres Körpers, der Ausdruck ihres Gesichts, vor allem aber die Augen. Irgend etwas an diesen Augen beunruhigte mich. Sie wirkten fast – fanatisch. Ja, das war das richtige Wort.

Ich sagte: „Alice, hast du vorher mit Kohlenstücken geworfen?"

Die Verblüffung, mit der sie mich ansah, wirkte echt. Sie gab keine Antwort. Ich sah auf ihre Hände. Sie waren sauber, ohne eine Spur von Kohlenstaub, und der einzige Fleck auf ihrem Kleid war rot, vermutlich von Marmelade.

Ich schickte mich an, weiterzugehen. Da tat sie plötzlich den Mund auf und sagte: „Der Karl wirft mit Kohle. Immer, wenn er wütend ist, macht er das!"

Der Gärtner konnte es nicht gewesen sein. Ich hatte ja aus dem

Fenster gesehen. Er hätte in den wenigen Sekunden, die nach dem Kohlenhagel verstrichen waren, bis ich zum Fenster kam, unmöglich Zeit gehabt, zur Eingangstür zurück zu laufen und auf die Leiter zu steigen.

Alice plapperte schon weiter. Sie war plötzlich richtig redselig und sprudelte hervor: „Der Karl ist böse – gefährlich. Er fängt kleine Kinder und brät sie am Spieß. Ich hab ihn selbst dabei beobachtet, durchs Fenster!"

Ich wußte nicht, was ich erwidern sollte. Ihre Behauptungen waren natürlich Unsinn. Kinder in Alices Alter haben eine blühende Phantasie, das war mir klar. Sie konnte vielleicht noch nicht ganz zwischen Märchen und Wirklichkeit unterscheiden, oder irgend jemand hatte ihr Angst einjagen wollen und den mürrischen Gärtner zum Buh-Mann gemacht.

„Ich glaube nicht, daß euer Gärtner so was tut", sagte ich lahm. „Vielleicht hast du ihn verwechselt – mit jemandem aus einer Geschichte zum Beispiel?"

Sie musterte mich verächtlich. „Pah!" sagte sie. „Was weißt du schon! In deinem Kopf ist nichts als Bockmist mit Sägespänen dazwischen."

Sie drängte sich an mir vorbei, rempelte mich dabei grob an und rannte mit klappernden Schuhsohlen die Treppe hinunter. Ich sah ihr ziemlich hilflos nach. Eigentlich wäre ich am liebsten hinter ihr hergelaufen und hätte sie tüchtig durchgeschüttelt. Aber ich war ja hier zu Gast, und wenn alle anderen Alices Frechheiten hinnahmen, hatte ich kein Recht, sie zu bestrafen.

Langsam ging ich weiter. Ich hörte, wie in der Halle die Tür hinter ihr ins Schloß fiel, und dann von draußen die scheltende Stimme des Gärtners. Wahrscheinlich war Alice gegen seine Leiter gestoßen oder hatte an der Girlande gerissen. Vom Ballsaal her erklang schwaches Hämmern.

13

Am folgenden Tag trafen die ersten Gäste schon nachmittags ein.

Alf und ich saßen im Gewächshaus zwischen Tomatenstauden und Salatpflanzen und beobachteten ihre Ankunft durch die Glaswand. Wir hatten uns aus dem Haus geschlichen, weil Alf der Meinung war, daß er sich besser rechtzeitig verkrümelte.

„Sonst kommt Mama wieder auf die Idee, irgend jemanden vom Personal nach mir zu schicken, damit ich die Gäste begrüße", erklärte er mir. „Und es gibt wirklich nichts, was mir mehr auf den Geist geht. Diese hochnäsigen Tanten erwarten alle, daß ich in Anzug und Krawatte herumlaufe und sie mit einer tiefen Verbeugung und einem Handkuß begrüße – pfui Spinne!"

Ich konnte mir kaum vorstellen, daß noch irgendwo derart verstaubte Sitten herrschen sollten, doch als ich die feierlichen schwarzen Limousinen vorfahren sah und beobachtete, wie uniformierte Fahrer den Damen und Herren beim Aussteigen behilflich waren, glaubte ich ihm.

Eine betagte Dame mit hoch aufgetürmten grauen Locken und einem Einglas im Auge ließ sich von ihrem Chauffeur die Pelzstola umlegen, und ich sah, wie sie ihm mit ihrem Stock einen leichten Schlag auf den Arm versetzte, als er sich dabei etwas ungeschickt anstellte.

„Herrje!" sagte ich. „Wer ist das? Die Kaiserin von Österreich?"

Mein Bruder lachte. „Nein, aber sie fühlt sich so. Sie ist irgendwie weitläufig mit uns verwandt – um sechs Ecken oder so. Ich hatte richtig Angst vor ihr, als ich noch ein Kind war."

Nach der „Kaiserin" kam ein älterer Herr mit schwarzem Pelerinenmantel und rötlicher Perücke. „Das ist Onkel Wilhelm", flüsterte mir Alf zu. „Er ist in seiner Jugend mit einer Tänzerin durchgebrannt, und seitdem gilt er als das schwarze Schaf der Familie."

„Und wo ist die Tänzerin jetzt?“ fragte ich interessiert.

„Keine Ahnung. Er ist dann reumütig zurückgekehrt, als ihm das Geld ausging, und hat eine ganz gewöhnliche Baronesse geheiratet. Seit zwei Jahren ist er lustiger Witwer.“

Wir kicherten. Es machte wirklich Spaß, so geschützt im Glashaus zu sitzen und die Gäste zu beobachten. Ich freute mich schon auf Jörgs Gesicht, wenn er sie abends beim Ball sah.

Als nächstes erschien ein Ehepaar im Rolls Royce, das von einem Diener begleitet war. Die beiden waren klein und ziemlich dicklich, und die Dame hatte offenbar große Angst um ihr Gepäck, denn sie blieb hartnäckig beim Wagen stehen und sah zu, wie der Diener die Koffer auslud. Ihr Mann versuchte immer wieder, sie dazu zu bewegen, mit ihm zur Treppe zu gehen.

„Sie hat wohl ihre Familienjuwelen im Koffer?“ murmelte ich.

Alf schüttelte den Kopf. „Nein“, erwiderte er, „sie ist bloß furchtbar geizig und hat dauernd Angst, bestohlen zu werden. Die beiden sind reich wie Trolle. Ich glaube, sie gehören zu den reichsten Leuten Österreichs.“

Wir blieben noch fast zwei Stunden im Gewächshaus. Während dieser Zeit trafen noch etwa ein Dutzend seltsamer Gestalten ein. Ich wunderte mich, daß Alice diese Gelegenheit nicht benutzte, um wie ein Kobold umherzuspringen und Unheil zu stiften, bis Alf mir erklärte, daß Frau Renzi die Kleine in ihrem Zimmer eingeschlossen hatte.

„Nach dem Frühstück hat's Streit gegeben“, erzählte er. „Das war, als du ins Dorf gefahren bist, um Post aufzugeben. Alice wollte unbedingt, daß meine Mutter ihr erlaubt, am Ball teilzunehmen, und Mama sagte, sie würde doch bloß wieder Ärger machen. Da hat Alice damit gedroht, daß sie von zu Hause wegläuft und sich im Wald versteckt, und daraufhin hat Mama Frau Renzi Anweisung gegeben, Alice einzuschließen, bis sie sich wieder beruhigt hat.“

„Hm“, sagte ich. „Und wenn sie aus dem Fenster klettert?“

„Das kann sie nicht. Ihr Zimmer ist im zweiten Stock.“

Ich wollte gerade sagen, daß das für Alice nicht unbedingt ein

Hinderungsgrund sein mußte, doch ich kam nicht mehr dazu. Plötzlich kamen Frau Renzi und zwei Stubenmädchen aus der Eingangstür gestürzt, liefen mit fliegenden Röcken und wehenden Schürzen über den Schloßhof und verschwanden hinter einem der Ecktürmchen.

„Da muß was passiert sein!" sagten Alf und ich gleichzeitig.

Wir liefen aus dem Glashaus. Da kam uns der Gärtner Karl entgegen. Er machte ein noch finstereres Gesicht als sonst und sagte: „Jetzt ist das verflixte Lausdirndl aus'm Fenster g'hupft!"

Wir brauchten nicht erst zu fragen, wen er meinte. Ohne ein weiteres Wort rannten wir ums Schloß herum hinter Frau Renzi und den Stubenmädchen her. Schon von weitem sahen wir die Frauen im Kreis beisammenstehen. Ihre aufgeregten Stimmen erinnerten mich an eine gackernde Hühnerschar. Dazwischen erklang Alices schrilles Geschrei.

Es klang, als würde sie am Marterpfahl stehen, doch bei näherem Hinsehen war alles nicht so schlimm. Alice war wirklich aus dem Fenster geklettert. Glücklicherweise gab es an der Fassade des Schlosses so viele Vorsprünge, Erker und Türmchen, daß jeder Einbrecher es für ein Kinderspiel gehalten hätte, in den zweiten Stock hinauf- und wieder herunterzuklettern.

Alice mußte also von Mauervorsprung zu Mauervorsprung geklettert sein, hatte vermutlich nicht allzu weit über dem Boden den Halt verloren und war in einen Busch gefallen. Abgesehen von ein paar Kratzern und einem verstauchten Fuß war ihr nichts weiter passiert.

Eine Weile schrie sie noch mörderisch – wohl mehr vor Schreck und Wut als vor Schmerz. Dann tauchte plötzlich der Schürli auf und hob sie wortlos hoch, um sie ins Schloß zu tragen.

Zu meiner Überraschung wehrte sich Alice nicht einmal. Dafür stieß sie wüste Anschuldigungen hervor und behauptete, jemand hätte sie aus dem Fenster gestoßen, höchstwahrscheinlich der Karl, der sowieso ein böser Mensch sei.

„Halt den Schnabel!" brummte der Schürli. „Ich will nichts mehr von dem dummen Weibergeschwätz hören, sonst laß ich dich in die Rosenbüsche fallen!"

Alice schloß den Mund und starrte den Schürli an. Eines der Stubenmädchen kicherte, und Alice begann zu weinen. Diesmal klang es wirklich echt, und ich wurde unwillkürlich böse auf Alfs Mutter und dachte, daß es wohl bessere und liebevollere Erziehungsmethoden gibt, um ein Kind zur Vernunft zu bringen, das sowieso schon viel zu oft allein war, als es in sein Zimmer einzuschließen.

Während des ganzen Vorfalls tauchte Frau von Uhlenau nicht auf. Der Schürli trug Alice trotz seiner Brummigkeit äußerst behutsam auf ihr Zimmer, und eines der Stubenmädchen bekam von Frau Renzi den Auftrag, mitzugehen und Alices verstauchten Knöchel mit essigsaurer Tonerde zu behandeln.

Frau Renzi selbst eilte in die Küche, um den Gästen Kaffee zu bringen, und Alf und ich beschlossen, das Feld zu räumen und zu Jörg ins Dorf zu fahren.

Wir kamen erst zurück, als die Dämmerung schon hereinbrach. Viele Fenster des Schlosses waren erleuchtet, und der ganze Schloßhof war ein einziger Parkplatz. Die Wagen, einer eleganter als der andere, waren sogar noch in langen Reihen am Rand der Auffahrt geparkt.

Im Gruselkabinett stand einer der Diener, die Alfs Mutter eigens für das Fest eingestellt hatte, um die Gäste zu begrüßen und denen, die hier übernachteten, ihre Zimmer zuzuweisen.

Er betrachtete uns mit großem Mißtrauen, verschwitzt und zerrauft wie wir waren. Am liebsten hätte er uns wohl wieder weggeschickt. Zum Glück gelang es Alf, ihn davon zu überzeugen, daß wir ins Schloß gehörten.

„Er paßt ins Gruselkabinett", sagte ich auf der Treppe, so laut, daß nicht nur Alf mich hören konnte. „Hast du die Ähnlichkeit mit Graf Draculas Diener bemerkt?"

Mein Bruder rannte so schnell die Stufen hinauf, daß ich ihm kaum folgen konnte. „Wenn ich nur keinem begegne!" keuchte er. „Sonst geht's wieder los mit der albernen Handküsserei. Es reicht schon, wenn ich diese Figuren heute abend beim Ball begrüßen muß!"

Einmal klappte eine Tür, und wir versteckten uns blitzschnell in einer Mauernische, bis ein würdiger Herr mit weißem Bart den Flur passiert hatte.

„Das ist der ‚Zuckerlkönig'", erklärte Alf im Flüsterton. „So wird er überall genannt. Ihm gehören drei Fabriken, in denen Süßigkeiten und Pralinen hergestellt werden. Geld hat er wie Heu. Dabei ist er selbst so sauer wie eine Essiggurke."

Wir erreichten Alfs Zimmer auf Schleichwegen. Auf dem Schloßhof hielt gerade ein VW-Bus, dem fünf Männer mit Musikinstrumenten entstiegen.

„Die Kapelle ist auch schon da", sagte ich zu Alf, der gerade seinen schwarzen Anzug aus dem Schrank holte.

Er nickte und stieß einen Seufzer aus. „Ich hasse dieses Zeug!" murmelte er und schleuderte den Anzug aufs Bett. „Man kommt sich damit vor wie einer aus dem Wachsfigurenkabinett!"

„Kannst du nicht einfach in Jeans und einem normalen Hemd gehen?" schlug ich vor.

„Das wäre das einzige, womit ich meine Mutter aus der Fassung bringen könnte", sagte Alf düster.

Doch mein Bruder sah wirklich gut aus in dem schwarzen Anzug, das mußte ich zugeben, obwohl ich so steife Kleidungsstücke sonst nicht ausstehen kann. Dagegen wirkte ich in meinem langen indischen Kleid mit den aufgesetzten bunten Flicken, dem etwas verschossenen Samt und den alten Stickereien richtig „ausgeflippt".

„Du siehst phantastisch aus!" behauptete Alf. „Ganz ehrlich, wie eine Zigeunerin. Du wirst die Typen gewaltig schockieren!"

Mir wurde immer unbehaglicher zumute. „Schockieren! Herrje, sag so etwas nicht! Wenn ich in Freiburg auffalle, macht mir das Spaß, aber hier unter all den Snobs . . ."

„Denk immer daran, daß du ihnen nichts schuldig bist", mahnte Alf. „Du kannst herumlaufen, wie du willst. Das ist bei mir etwas anderes. Ich gehöre zur Familie und möchte meine Mutter nicht in

Verlegenheit bringen. Aber du bist unabhängig, und wenn sie alle wie die Vogelscheuchen herumspazieren, brauchst du das noch lange nicht zu tun!"

In diesem Augenblick wurden Kieselsteine ans Fenster geworfen, und wir hörten, wie jemand unsere Namen rief. Vor der Freitreppe stand Jörg. Er hatte sein Fahrrad neben einem Rolls Royce geparkt, was sehr komisch aussah.

„Der Typ in eurer Halle will mich nicht hereinlassen!" rief er zu uns herauf. „Er glaubt mir nicht, daß ich eingeladen bin. Kommt ihr herunter?"

Wir liefen aus dem Zimmer und rasten die Treppe hinunter. Ich stolperte fast über den Saum meines langen Kleides. Drunten stand „Draculas Diener" mit beleidigter Miene und wandte uns nachdrücklich den Rücken zu, als wir Jörg hereinholten.

Jörg trug zu seinen ausgebleichten Jeans einen alten schwarzen Gehrock, den sein Großvater zur Hochzeit getragen hatte. Er sah ziemlich verrückt aus, aber gerade das gefiel mir; vor allem, weil das altmodische Jackett so gut zu seinem Gesicht und seinem Haarschnitt paßte.

„Da wird Julie wenigstens nicht die einzige sein, die die Leute schockiert", sagte Alf.

14

Ich glaube, wir schockierten die Gäste wirklich, Jörg und ich.

Der Ballsaal war schon voller Menschen, als wir durch die hohe Flügeltür traten, Alf voran. Es summte wie in einem Bienenstock, doch einen Augenblick lang kam es mir so vor, als verstummten die Stimmen, und als richteten sich viele Augen neugierig und ziemlich fassungslos auf uns.

Ich haßte es, so gemustert zu werden. Am liebsten wäre ich wieder verschwunden – einige von den Glastüren, die zum Schloßgarten führten, standen einladend offen –, doch das ging natürlich nicht. Also versteckte ich mich hinter Alf, so gut es ging, während Jörg sich ganz gelassen und selbstbewußt umsah. Ich glaubte sogar ein belustigtes Zucken um seine Mundwinkel zu bemerken.

Alfs Mutter kam uns entgegen. Auch sie betrachtete Jörg und mich nicht gerade sehr wohlwollend. Sie sah in ihrem weißen Seidenkleid und den wallenden Locken wie eine verhinderte Elfe aus, fand ich. Dann wurden wir den Gästen vorgestellt.

Vermutlich benahm ich mich ziemlich daneben. Ich bin fast sicher, daß viele der Damen, denen Frau von Uhlenau mich als „Tochter ihres ersten Mannes, Alfs Stiefschwester" vorstellte, Knicks und Handkuß von mir erwarteten. Statt dessen drückte ich einfach nur eine beringte Hand nach der anderen, ließ die Berührung der vielen Hände über mich ergehen, erstickte fast in Wolken von teurem Parfum und Zigarrenrauch, und murmelte immer wieder automatisch „freut mich, Sie kennenzulernen".

Die einzig angenehme Überraschung war Alfs Tante Lily, die Pluderhosen aus schwerer Seide trug und unter den konventionellen Ballgästen richtig wohltuend wirkte.

Es glitzerte nur so von Juwelen, Pailletten und Diademen. Trotz der Hitze im Saal hatten viele Damen Pelzstolen aus Chinchilla, Hermelin und Weißfuchs umgelegt.

Alf benahm sich bedeutend wohlerzogener als ich. Er verbeugte sich und küßte Hände, ließ sich sogar von einigen seiner Tanten umarmen und wurde viel freundlicher begrüßt als Jörg und ich.

Schließlich lernte ich auch Alfs Stiefvater kennen, einen blassen, schlanken Mann mit zwei ziemlich tiefen Falten um den Mund, die seinem Gesicht einen Ausdruck von Überdruß verliehen. Sein Blick war sehr kritisch, aber nicht unfreundlich, und er war mit ausgesuchter Eleganz gekleidet.

Ich bemerkte, daß das Verhältnis zwischen ihm und Alf offenbar ziemlich kühl war. Die beiden gaben sich steif die Hand, und dann fragte mich Alfs Stiefvater, ob ich mich auf Schloß Uhlenau wohl fühlen würde.

„O ja, danke, es ist sehr schön hier“, sagte ich förmlich.

Er musterte mich aufmerksam. Vielleicht war er ein so guter Beobachter, daß er an meinem Gesichtsausdruck oder meinem Tonfall erriet, daß ich nur die halbe Wahrheit sagte.

„Tatsächlich?“ murmelte er, ohne den Blick von mir zu wenden. „Wirklich bemerkenswert, diese Ähnlichkeit“, fügte er hinzu.

Ich nahm an, daß er die Ähnlichkeit zwischen Alf und mir meinte. Dann stellte sich aber heraus, daß er meinen – unseren – Vater gekannt hatte.

„Wir haben miteinander studiert und waren einige Zeit befreundet“, erklärte er. „Das war, ehe euer Vater seine zweite Frau kennenlernte. Als er und Nina sich scheiden ließen, haben wir uns aus den Augen verloren.“ Er lächelte etwas seltsam. „Später habe ich dann seine Stelle eingenommen – nicht beruflich, sondern privat.“

Offenbar meinte er seine Heirat mit Alfs Mutter. „Es tut mir leid, daß er so früh gestorben ist“, fügte er in meine Richtung hinzu.

Ich wußte nicht, was ich auf diese höfliche Redensart erwidern sollte. Doch vielleicht meinte er es auch ernst, und es tat ihm wirklich leid; wer weiß. Er war ein Mann, den man schwer durchschauen konnte.

„Und was macht Alice?“ fragte er unvermittelt.

Alf sagte: „Sie hat sich heute den Fuß verstaucht, als sie aus dem Fenster klettern wollte. Mama hat sie auf ihrem Zimmer einschließen lassen. Sie wollte unbedingt zum Ball kommen.“

Sein Stiefvater hob die Augenbrauen. „Warum hätte sie nicht dabeisein sollen? Aber ich weiß ja, sie ist ein kleiner Teufel. Man weiß nie, was sie im nächsten Moment anstellen wird. Ich werde morgen früh zu ihr gehen und nach ihr sehen.“

Ich sah ihn an und fragte mich, weshalb er nicht gleich nach seinem Eintreffen zu seiner Tochter gegangen war, wo er doch nur so selten hierherkam. Leute wie er und seine Frau, dachte ich, sollten eigentlich keine Kinder haben.

Die Musikkapelle begann zu spielen – natürlich einen Walzer zum Auftakt. Doch keiner tanzte. Die Gäste strömten alle in den

Salon neben dem Ballsaal, wo eine große Tafel vorbereitet war. Alfs Mutter hatte von einem Feinkosthändler aus Salzburg eine ganze Wagenladung Delikatessen kommen lassen – Salate, Pasteten, exotische Früchte, französischen Käse, Krabben. Die Tafel bog sich fast unter all den Köstlichkeiten.

Als Alfs Vater sich einem Herrn in Uniform zuwandte, dessen Brust mit Orden geradezu gespickt war, zog Jörg uns in den Nebenraum.

„Los, holen wir uns unseren Anteil, ehe die Meute alles wegißt!“ murmelte er. „Seht mal, wie gierig ihre Augen glitzern! Dabei sind die meisten von ihnen eh schon viel zu fett!“

Wir häuften Krabbencocktail, verschiedene Salate, Parmaschinken, Honigmelonenstücke, Mangohälften und noch so allerlei auf unsere Teller und zwängten uns damit durch die Menschenmenge zu einer der Flügeltüren.

Auf der Terrasse war niemand. Der Mond schien und tauchte den Schloßgarten in märchenhaftes Licht. Die Buchsbäumchen warfen verzerrte Schatten über den Kies, der Sommerflieder duftete, und eine der Katzen strich durchs Gras und maunzte verzweifelt. Durch die halboffenen Türen drang Stimmengewirr zu uns heraus.

Wir kauerten uns auf die steinerne Einfassung, aßen, was wir ergattert hatten, und einer ließ den anderen probieren, wenn etwas ganz besonders gut schmeckte.

„Das ist das Beste am ganzen Fest!“ sagte Alf mit einem tiefen Seufzer. „Aber der Preis dafür ist verdammt hoch. Wenn ich an all die Pfoten denke, die ich küssen mußte . . .“

Bei dem Wort „Pfoten“ brach ich in wildes Gekicher aus. „Tz, tz, wie kann man nur so respektlos sein!“ sagte Jörg und biß in eine Mangofrucht, daß er nur so spritzte.

Durch die Glastüren sahen wir, wie die Gäste langsam wieder in den Ballsaal zurückkehrten. Die Kapelle spielte *Wiener Blut* – vielleicht war es aber auch *An der schönen blauen Donau,* ich konnte das nie so recht auseinanderhalten. Dann eröffnete Alfs Stiefvater mit seiner Frau den Tanz.

Ich beobachtete die beiden, wie sie sich unter dem gleißenden Licht des Kristalleuchters drehten – er im schwarzen Frack, schlank und hochgewachsen, sie im wehenden weißen Kleid. Es erschien mir wie eine Szene aus einem historischen Film.

„Verrückt", sagte Jörg kopfschüttelnd und mit vollem Mund. „Genau wie in der guten alten Kaiserzeit!"

Immer mehr Paare strömten auf die Tanzfläche.

„Eigentlich könnten wir ein bißchen mithopsen", schlug Alf vor. „Wollen wir's mal versuchen, Julchen?"

„Nenn mich nicht Julchen", sagte ich drohend. „Na gut, wenn ich meinen Parmaschinken aufgegessen habe. Aber beklag dich nicht, wenn ich dir auf die Füße trete!"

Jörg seufzte. „Wie kann man sich bloß freiwillig auf so was einlassen?" murmelte er. „Na, ihr seid eben noch jung und dynamisch. Ich bleibe inzwischen gemütlich hier sitzen, sehe zu, wie ihr euch abstrampelt, und schlage mir den Bauch voll."

„Tu das", sagte mein Bruder. „Aber von Völlerei bekommt man Gicht."

Jörg nickte mit kummervoller Miene. „Ja, ja, es steht schon in der Bibel geschrieben, daß Unmäßigkeit eine Sünde ist. Soll ich euch auch etwas von der rosaroten Torte zum Nachtisch holen?"

„Klar", sagte Alf. „Zwei Stücke für jeden, mit Schlagsahne drauf!"

Wir gingen durch eine der Flügeltüren in den Ballsaal. Die Musiker spielten, was das Zeug hielt. Der Schweiß lief ihnen über die Gesichter, genau wie den Tanzenden.

Ich muß gestehen, daß der erste Walzer, den Alf und ich aufs Parkett legten, nicht gerade reif für ein Tanzturnier war. Wir hüpften und sprangen ziemlich verrückt zwischen den anderen Paaren herum. Mir war zumute, als wäre ich wieder ein Kind und tanzte wilden Ringelreihen. Es machte wirklich Spaß, obwohl wir viele belustigte Blicke ernteten.

Bald war uns schrecklich heiß. Wir liefen zum Buffet, tranken jeweils ein Glas Champagner auf einen Zug leer und hopsten wieder weiter. Drei oder vier Tänze lang hielten wir durch, indem wir uns zwischendurch immer wieder mit dem Champagner stärkten, der so lustig auf der Zunge prickelte.

Dabei wurden wir natürlich immer munterer. Wir vollführten ausgelassene Sprünge, stampften mit den Füßen auf und hüpften im Polkaschritt quer durch den Saal. Die meisten Gäste beobachteten uns kopfschüttelnd; doch ein paar lachten und klatschten Beifall.

Nach einiger Zeit waren wir völlig außer Atem, und unsere Gesichter glühten. Die Musiker stimmten einen langsamen Walzer an – vermutlich, um uns an weiteren Kriegstänzen zu hindern –, und wir zogen uns mit drei Gläsern voll Champagner auf die Terrasse zurück.

Jörg saß noch immer auf der Einfassung und spachtelte Torte in sich hinein. „Du meine Güte“, sagte er klagend, „habt ihr denn völlig vergessen, was sich schickt? Sich in so vornehmer Gesellschaft derart aufzuführen! Ich bin wirklich zutiefst enttäuscht, ja, das bin ich.“

„Mein Blut ist Lava“, deklamierte Alf mit schleppender Stimme.

Ich ließ mich hinter den beiden ins Gras fallen und lachte. „Herrje!“ keuchte ich. „Ist das komisch! Wir hopsen da unter all den Stockfischen herum wie bei einem Kinderfasching! Alf, deine Mutter wird mich morgen sicher mit ein paar höflichen Worten vor die Tür setzen!“

„Ach was, Unsinn“, sagte mein Bruder. „Ich glaube eher, daß sie überhaupt nichts mitbekommen hat. Sie stand die ganze Zeit mit ihrem Verleger und irgend so einem Kritiker herum. Sicher hat sie sich über Literatur unterhalten – da sieht und hört sie nichts anderes.“

Ehe wir es uns versahen, hatte Jörg alle drei Gläser Champagner ausgetrunken. Als wir protestierten, erklärte er, wir hätten sowieso schon zuviel Alkohol zu uns genommen.

„Seht euch doch an“, sagte er, „wie bedudelt ihr seid! Ich muß aufpassen, daß ihr nicht über die Stränge schlagt!“

Es stimmte, mir war schon ziemlich schwindlig, und nicht nur vom Tanzen. Doch dieses Gefühl, nicht mehr ganz fest auf den Beinen zu stehen, und dazu die Leichtigkeit in meinem Kopf, waren ausgesprochen angenehm. Ich hatte keine Angst mehr, vor nichts und niemand, und das ganze Leben erschien mir lustig und einfach.

Am liebsten wäre ich wieder in den Ballsaal gelaufen und hätte weitergetanzt. Doch Alf sagte, ich sollte jetzt lieber meine Torte essen. Offenbar bekam er langsam Angst, ich könnte mich unmöglich machen.

Gehorsam aß ich die zwei Tortenstücke. Sie schmeckten ziemlich parfümiert, und dann bekam ich furchtbaren Durst.

„Ich habe Durst“, sagte ich.

„Wartet mal, ich gehe hinein und hole uns etwas zu trinken – allerdings etwas ohne Alkohol!“ erwiderte Alf mit einem Seitenblick auf mich. Und ehe ich noch widersprechen konnte, war er schon verschwunden.

„Er hat Angst, daß ich einen Schwips kriege und mich danebenbenehme“, sagte ich.

Jörg lächelte mich an. „Normalerweise wäre das nicht so schlimm, im Gegenteil. Aber du mußt Alf verstehen, Juli-e. Wenn's hier einen Mumienaufstand gibt, muß er die Sache ausbaden.“

„Ich weiß“, sagte ich wieder etwas vernünftiger. „Aber ich werde mich schon gesittet benehmen, ich versprech's dir.“

„Schade“, sagte Jörg. „Eigentlich gefällst du mir gut so.“ Er stand auf, nahm meine Hand und zog mich hoch. „Komm, gehen wir ein bißchen im Garten spazieren, bis Alf wiederkommt.“

Wir schlenderten zwischen den Ligusterhecken bis zum Goldregenbaum, der im Mondlicht glänzte. Ein kleines, dunkles Tier flog aus den Zweigen auf und flatterte über unsere Köpfe hinweg davon.

„Eine Fledermaus“, sagte Jörg. „Wir haben auch welche auf unserem Dachboden.“

„Brrr!“ machte ich und schüttelte mich.

„Ach, das sind nützliche Tierchen. Sie tun keinem etwas. Gut, daß es überhaupt noch welche gibt.“

„Wahrscheinlich gehören sie hierher“, sagte ich. „Ein Spukschloß ohne Fledermäuse wäre doch nicht vollkommen, oder?“ Und ich sah über die Schulter zum Schloß zurück, das hell erleuchtet und vom

Mondlicht umflossen war. Gestalten bewegten sich hinter den Flügeltüren. Die Klänge der Musik drangen bis zu uns herüber, vermischt mit Lachen und Stimmengewirr.

„Denk mal eine Weile nicht an den Spuk", sagte Jörg sanft. „Zieh die Schuhe aus, dann tanzen wir ein bißchen hier draußen auf dem Rasen."

Es war wunderschön, mit Jörg auf dem weichen, kühlen Gras zu tanzen – ganz anders als vorher im Ballsaal. Wir hielten uns umfaßt und drehten uns langsam und leicht, fast schwebend. Manchmal tanzten wir ins Mondlicht, manchmal in die Dunkelheit der Nacht, und ich fühlte mich schwerelos wie in einem Traum.

Im Mondschein sah ich Jörgs Gesicht vor mir. Plötzlich wußte ich genau, an wen er mich erinnerte.

„Du siehst aus wie der Bamberger Reiter", murmelte ich.

„Und du wie ein Zigeunermädchen!" Unsere Wangen berührten sich leicht. Dann küßten wir uns. Es war ganz selbstverständlich und natürlich, es gehörte zu dieser traumhaften Stimmung, dem mondbeschienenen Garten, der Musik.

Doch als wir uns geküßt hatten, schien plötzlich alles verändert zu sein. Die leichte, unbefangene Stimmung war verflogen. Wir standen mit hängenden Armen voreinander und sahen uns ernst in die Augen. Mit einemmal war eine ganz neue Spannung zwischen uns getreten.

Nachdem wir ein paar Sekunden oder Minuten so gestanden hatten, sagte Jörg ziemlich verlegen: „Ich glaube, wir sollten jetzt besser zur Terrasse zurückgehen. Alf sucht sicher schon nach uns."

Ich nickte, und er ging voraus, den Pfad zwischen den Ligusterhecken entlang. Langsam folgte ich ihm. Auf halbem Weg kam uns Alf entgegen, eine Flasche unter dem Arm.

„Wo bleibt ihr denn?" fragte er. „Wir haben gerade noch Zeit, etwas zu trinken, dann müssen wir in den Saal zurück. Meine Mutter will ihre Gedichte vorlesen. Sie wäre sicher enttäuscht, wenn wir nicht kommen würden."

„Ich glaube nicht, daß sie das überhaupt merken würde", murmelte ich aufsässig. Ich stellte es mir ziemlich langweilig vor, unter all den Ballgästen im Saal zu sitzen und mir hochtrabende, unverständliche Gedichte anzuhören.

Doch Alf hörte mich nicht; er unterhielt sich gerade mit Jörg. Ich dachte daran, daß ich ja hier zu Gast war, und daß Frau von Uhlenau mir gegenüber großzügig und freundlich gewesen war. Deshalb sagte ich nichts mehr, trank nur ein Glas Zitronensoda und folgte Alf und Jörg dann in den Saal.

Die Diener hatten inzwischen Stühle aufgestellt, und die Damen setzten sich, während die Herren sich zwischen den Stühlen postierten. Alfs Mutter saß auf einem Polsterstuhl mit hoher Rückenlehne, eine Mappe auf den Knien, und neben ihr stand ein kleiner runder Tisch mit einem Glas Wasser darauf.

Die Musiker hatten sich in den Nebenraum zurückgezogen. Alles war still und feierlich. Ein paarmal räusperte sich jemand unterdrückt, die „Kaiserin von Österreich" hüstelte, und ich sah, daß Alfs Stiefvater im Hintergrund an einer der Flügeltüren stand. Sein Gesicht verriet nichts von seinen Gefühlen.

Alfs Mutter leitete ihre Lesung mit einer kurzen Ansprache ein. Sie sagte, wie glücklich sie wäre, daß ihre Freunde so zahlreich gekommen waren, um mit ihr die französische Ausgabe ihres Gedichtbandes zu feiern, die gerade in Vorbereitung war. Jetzt, erklärte sie, wollte sie einen Teil ihrer neuesten Gedichtsammlung vortragen, die auch bald als Sonderausgabe in Österreich erscheinen sollte.

Ich wechselte heimlich einen Blick mit Jörg. Er schnitt eine leichte Grimasse, und ich zwinkerte ihm zum Einverständnis zu. Die Gäste um uns herum machten interessierte und höfliche Gesichter. Manche sahen aber auch ziemlich gelangweilt aus, und der „Zuckerlkönig" gähnte verstohlen hinter vorgehaltener Hand.

„Das erste Gedicht befaßt sich mit der Härte und Leere unserer modernen Welt", sagte Frau von Uhlenau und schlug ihre Mappe auf. „Es heißt: ‚Unseliges Erbe.'" Und sie begann langsam und mit feierlicher Betonung zu lesen:

In jener Nacht, in Traumes Fängen . . .

In Traumes was? dachte ich. Dann hörte ich nicht mehr hin. In Gedanken war ich wieder draußen im Schloßgarten, zusammen mit Jörg. Die Stimme von Alfs Mutter war wie ein gleichmäßiges Gemurmel im Hintergrund.

Dann wurde geklatscht, jemand flüsterte etwas, und das nächste Gedicht folgte. Ein Türflügel knarrte leise im Luftzug, und die Kerzen in den Wandleuchtern flackerten.

Es war warm im Saal, doch mir lief ein Schauder über den Rücken. Ich glaube, ich ahnte schon, was kommen würde. Ich sah Alf an, aber er schien nichts zu bemerken. Im gleichen Augenblick begann das Klopfen.

Es kam nicht von einer der Türen, sondern unter dem kleinen Tisch hervor, der neben Frau von Uhlenau stand; der Tisch mit dem Wasserglas. In der Stille, die nur von der gleichmäßigen, ziemlich leisen Frauenstimme unterbrochen wurde, klang das Pochen fast wie eine Reihe von Paukenschlägen.

Einzelne Gäste hoben die Köpfe. Ich hielt den Atem an und dachte: Jetzt ist es soweit. Jetzt platzt die Bombe!

Alf bewegte sich neben mir. Er sah mich an, hilflos und mit erwachendem Entsetzen. Ich lauschte auf das Klopfen. Es war noch immer lauter als das Rascheln der Kleider und das beginnende Gemurmel und Geflüster im Saal.

Kein Zweifel, jemand – oder etwas – klopfte von unten gegen die kleine, runde Tischplatte. Ich sah, wie das Wasserglas von der Erschütterung zu zittern begann und dann förmlich auf der Platte hin und her wackelte. Und doch war der Platz unter dem Tisch leer. Niemand hätte sich dort verstecken können, ohne gesehen zu werden, nicht einmal eine Maus.

Frau von Uhlenau hatte aufgehört, vorzulesen. Ihr Blick schweifte verwirrt und fassungslos zwischen dem Tisch und ihren Gästen hin und her.

„Was soll der Unsinn?" rief eine Männerstimme, und eine Frau sagte: „Ein Klopfgeist – o Gott, ein Klopfgeist!"

Ich hörte, wie Jörg, der rechts von mir stand, eine heftige Bewegung machte. Unwillkürlich faßten wir uns an der Hand.

„Verdammt!" murmelte er zwischen zusammengebissenen Zähnen.

Unvermittelt verstummte das Klopfen. Dann setzte wieder Stimmengemurmel ein, lauter diesmal. Die Damen erhoben sich von ihren Stühlen. Alles stand in Gruppen beisammen und redete wild durcheinander.

Ein Mann lief auf den kleinen runden Tisch zu und legte beide Hände auf die Platte. Es war Alfs Stiefvater. Frau von Uhlenau sagte etwas zu ihm und blätterte dabei aufgeregt in ihrer Mappe.

Alf sagte kein Wort. Er war ziemlich blaß. Ich dachte: Es ist noch nicht vorbei. Das Schlimmste kommt noch! Woher ich das wußte, kann ich nicht sagen, doch ich sollte recht behalten. Noch während die Ballgäste beisammenstanden und das Ereignis besprachen, klirrte und krachte es plötzlich, und eine Vielzahl kleiner brauner Wurfgeschosse kam durch die halboffenen Terrassentüren in den Saal geflogen.

Glas splitterte und brach, Frauen kreischten, und innerhalb weniger Sekunden erhob sich ein höllischer Spektakel.

„Kartoffeln", sagte Jörg halblaut. „Das sind Kartoffeln!"

Wirklich, Dutzende von Kartoffeln wurden in den Saal geschleudert, klatschten mit dumpfem Aufprall gegen die Wände, landeten auf dem spiegelnden Parkett, trafen einige der Ballgäste am Kopf, an den Schultern, an den Armen.

Es war schreckerregend und komisch zugleich. Damen flüchteten schreiend, jemand fluchte, ein paar Leute versuchten sich hinter den Stühlen zu verschanzen, ein Wandspiegel zerschellte klirrend, der Kronleuchter wackelte.

Alf, Jörg und ich standen gegen die Wand gedrückt und beobachteten das Schauspiel. Ich sah, wie Alfs Stiefvater, zwei der Diener und noch ein paar Männer durch die Flügeltüren in den Schloßgarten liefen. Sie hofften wohl, die Übeltäter zu fassen. Mir aber war klar, daß sie mit leeren Händen zurückkommen würden, denn da war niemand – niemand aus Fleisch und Blut.

Die Verbindungstür tat sich auf, und die Musiker drängten in den

Saal, wichen aber gleich wieder vor dem Kartoffelhagel zurück. Immer lauter wurde das Geschrei. Damen schluchzten und versuchten verzweifelt, ihre Gesichter mit den Händen zu schützen. Ein paar Gäste retteten sich ins Nebenzimmer. Alfs Onkel Wilhelm verlor seine Perücke.

Ich brach in hysterisches Gekicher aus, doch zugleich zitterte ich am ganzen Körper.

Der Boden sah wie ein frisch umgepflügter Kartoffelacker aus, die Glastüren waren zersplittert wie nach einem Erdbeben, als der Angriff endlich vorüber war.

Dafür begann ein anderer Spuk, gleichsam der krönende Abschluß des Ganzen. Ich merkte, wie Jörg meine Hand drückte und mit einer Kopfbewegung auf den schweren Kristalleuchter deutete, der von der Decke hing.

Als ich den Blick hob, sah ich, daß der Leuchter hin und her schwankte. Die Messingstange, an der er befestigt war, bewegte sich blitzend von einer Seite zur anderen.

Wir waren nicht die einzigen, die es bemerkt hatten. Einige Damen und Herren waren zerzaust und aufgelöst wieder hinter ihren Stühlen hervorgekrochen, erleichtert darüber, daß der Kartoffelangriff vorüber war. Nun starrten sie fassungslos nach oben.

Eine Frau bekam einen Schreikrampf. Die hohen, schrillen Schreie gellten mir in den Ohren. Der Lüster schwankte wie ein Schilfrohr im Wind.

Alf murmelte mit grimmiger Genugtuung: „Genauso war es damals auch!“

Inzwischen starrte fast der ganze Saal auf den Kristalleuchter. Jetzt war alles still. Es war, als hielte jeder den Atem an. Dann entstand eine Bewegung bei den Terrassentüren. Alfs Stiefvater und seine Begleiter waren zurückgekommen.

„Da war niemand“, hörte ich ihn sagen. „Wir haben den ganzen Schloßgarten abgesucht, aber . . .“ Dann verstummte er und sah wie alle anderen auf den Kristalleuchter.

Das Schwanken hatte nun seinen Höhepunkt erreicht. Die Lampe glich einem Pendel, das heftig nach beiden Seiten ausschlägt. Die Frau hatte zu schreien aufgehört, man hörte sie nur noch leise schluchzen. Jemand seufzte, und ich fror trotz der Hitze im Saal.

Plötzlich erklang ein seltsamer Laut, eine Art dumpfes „Plopp". Eine der vielen Glühbirnen auf dem Leuchter, die die Form von Kerzenflammen hatten, war geplatzt.

Dann platzten nacheinander sämtliche Glühbirnen. Es war, als würde eine Schnellfeuerpistole abgefeuert. Niemand rührte sich, keiner sagte ein Wort.

Im Saal wurde es dunkler und dunkler, während ein Licht nach dem anderen verlöschte, bis schließlich nur noch die Kerzen in den Wandleuchtern Licht spendeten und im Luftzug, der von den zerbrochenen Türen kam, wild flackerten.

15

Das war das Ende des Spuks. Eine Stunde später waren alle Gäste abgefahren, auch jene, die vorgehabt hatten, im Schloß zu übernachten. Sie verließen Uhlenau fluchtartig. Ich beobachtete, wie sie sich in Scharen aus den Türen drängten, hörte sie nach ihren Dienern und Fahrern rufen, hörte Schritte durchs Schloß eilen und einen Wagen nach dem anderen starten.

Im spärlichen Kerzenlicht krochen ein paar Gestalten auf dem Boden herum, wahrscheinlich auf der Suche nach verlorenen Schmuckstücken. Onkel Wilhelm, das schwarze Schaf der Familie, stand vor dem zerbrochenen Wandspiegel und setzte seine Perücke wieder auf. Die Diener eilten wie aufgescheuchte Hühner hin und her, die Musiker verschwanden mit ihren Instrumenten, und Alfs Mutter wurde mit einem Nervenzusammenbruch auf ihr Zimmer gebracht.

Schließlich blieben nur noch Alf, Jörg und ich, Tante Lily und Alfs Stiefvater zurück. Die Diener, die eigens für den Ball eingestellt worden waren, verabschiedeten sich hastig. Es blieb der unerschrockenen Frau Renzi überlassen, dafür zu sorgen, daß die Scherben und die Kartoffeln weggeschafft wurden, während man den Schürli und Karl aus dem Schlaf holte, damit sie die zerbrochenen Terrassentüren notdürftig mit Bretterkreuzen absicherten. Eines der Hausmädchen kündigte sofort, als sie von den Vorfällen erfuhr. Der Ballsaal sah aus wie ein Schlachtfeld.

Ans Schlafengehen war nach all diesen Aufregungen nicht zu denken. Alfs Vater fuhr rasch ins Dorf, holte den Arzt aus dem Bett und brachte ihn zu seiner Frau. Nachdem sie eine Beruhigungsspritze bekommen hatte, verabschiedete sich Dr. Hofer wieder, und wir versammelten uns im Herrenzimmer.

Eine Weile saßen wir wie betäubt da und starrten uns wortlos an. Dann sagte Alfs Tante in die Stille hinein: „Der Teufel soll mich holen, wenn ich das verstehen soll! Kann mir vielleicht einer erklären, was hier vor sich geht?"

„Ich fürchte, das ist nicht zu erklären, meine Liebe", erwiderte Alfs Stiefvater mit einem schiefen Lächeln. Er warf meinem Bruder einen Blick zu. „Aber im Ernst, Junge, so etwas kommt doch wohl nicht einfach aus heiterem Himmel. Hast du hier schon einmal etwas Ähnliches erlebt?"

Alf richtete sich im Sessel auf und nickte. „Ja", sagte er. „Das habe ich. Und Julie ebenfalls."

„Aha! Und warum hast du mir nichts davon gesagt?"

Alf zögerte. „Ich habe schon überlegt, ob ich mit dir darüber sprechen soll, aber ... Du bist ja so selten hier, und außerdem ..." Er stockte und fügte hinzu: „Ich dachte, du würdest mir nicht glauben."

„Da hat Alf recht", warf Tante Lily ein. „Wenn er mir gegenüber behauptet hätte, daß es hier derart verrückt spukt, hätte ich ihn bestimmt nicht ernst genommen!"

Alfs Stiefvater nickte langsam. „Ja", sagte er widerstrebend. „Es ist schwer zu glauben. Man hält es ja kaum für möglich, wenn man es mit eigenen Augen gesehen hat!"

Ich bemerkte mit einer gewissen Befriedigung, daß er durchaus nicht mehr so kühl, steif und gelassen wirkte wie vorher. Er war rot im Gesicht, seine Haare waren zerzaust, seine Krawatte saß schief und seine Hand zitterte, als er sich eine Zigarette anzündete. Er wirkte plötzlich viel menschlicher und sympathischer als vorher. Außerdem tat es mir gut, zu sehen, daß sich sogar so beherrschte, unnahbar wirkende Leute wie er von einem derartigen Ereignis aus der Fassung bringen ließen.

Die einzige, die nicht allzu erschüttert zu sein schien, war Tante Lily. Sie schien den Spuk eher als eine Art wunderliches Naturereignis zu betrachten.

„Sehr interessant", murmelte sie und schüttelte nachdenklich den Kopf. „Man hört ja manchmal von solchen Sachen, aber ich dachte immer, das wären nur Erfindungen von sensationsgierigen Zeitungen oder von Leuten, die sich wichtig machen wollen. Wirklich sehr seltsam – woher mögen bloß diese Kartoffeln gekommen sein? Sie können doch nicht einfach aus dem Nichts dahergeflogen sein! Habt ihr wirklich überall genau nachgesehen, Karl-Ferdinand?"

Alfs Stiefvater nickte. „Es wäre nur aus einem gewissen Umkreis möglich gewesen, die Kartoffeln in den Saal zu schleudern. Den haben wir abgesucht. Und während wir suchten, sind weiterhin Kartoffeln durch die Luft geflogen. Leider war es zu dunkel, um genau festzustellen, woher sie geflogen kamen. Es sah ganz so aus, als kämen sie einfach nur aus der Luft – aber das ist natürlich nicht möglich . . ."

Ich mußte an die Kohlenstücke denken, die ins Bügelzimmer geflogen waren, während ich mein Kleid gebügelt hatte. Rasch erzählte ich von dem Vorfall, und Alfs Stiefvater wiederholte nachdenklich: „Kohlenstücke? Das klingt ja sehr nach einem Poltergeist-Phänomen!"

„Die ganze Angelegenheit sieht mir überhaupt nach Poltergeistern aus", bestätigte Tante Lily. „Dabei dachte ich bisher immer, gerade diese Art von Spuk wäre ausgemachter Unsinn, eine Erfindung von Dummköpfen."

Alfs Stiefvater murmelte vor sich hin: „Das alles wirkt so . . . so gezielt. Ich meine, der Spuk hat sich nur auf den Ballsaal beschränkt; in den angrenzenden Räumen ist nichts passiert. Ich habe nachgesehen. Es wirkt auf mich, als hätte irgendein boshafter . . . hm . . . ein boshafter Geist die Absicht verfolgt, den Ball zu stören und die Gäste zu vertreiben. Das klingt vielleicht idiotisch, aber genauso kommt es mir vor!"

Ich nickte langsam. „Ja", sagte ich, „mir auch. Ein boshafter Geist . . ."

Ich verstummte und mußte unwillkürlich an Alice denken. Doch sie lag mit einem verstauchten Knöchel im Bett und schlief sicher längst. Und wie hätte sie das alles auch bewerkstelligen sollen, ein kleines, schmächtiges Mädchen wie sie? Um die Kartoffeln pfundweise mit solcher Wucht in den Saal zu schleudern, hätte es mehrerer kräftiger Männer bedurft. Und was das Klopfen und das Platzen der Glühbirnen betraf – da gab es überhaupt keine vernünftige Erklärung.

Alf sagte in meine Gedanken hinein: „Das mit dem Leuchter – etwas Ähnliches hab ich schon einmal erlebt!"

Dann erzählte er von dem Vorfall in der Bibliothek und schilderte gleich anschließend auch noch den Spuk mit den Schritten, den wir beide zusammen dort erlebt hatten. Er erwähnte auch das Fenster, das von unsichtbarer Hand geöffnet worden war.

Als ich auch noch vom „Klopfspuk" und dem Vorfall mit dem Spinnrad erzählte, wurde das Gesicht von Alfs Stiefvater immer ratloser.

„Das ist ja eine richtige Anhäufung mysteriöser Umtriebe!" sagte er und fuhr sich mit den gespreizten Fingern durch die Haare, daß sie nach allen Seiten abstanden. Ich konnte mir plötzlich vorstellen, wie er als kleiner Junge ausgesehen hatte, ehe er ein würdiger Herr im diplomatischen Dienst wurde.

„Eine ernste Sache, wirklich – sehr ernst! Wir müssen etwas tun. Irgend etwas muß geschehen!"

„Ja", sagte Tante Lily nüchtern. „Aber was? Willst du vielleicht die

Polizei verständigen? Oder einen Teufelsaustreiber holen?"

Ihr Schwager schüttelte den Kopf. „Die Polizei wird uns nicht weiterhelfen. Die Vorfälle müssen ernsthaft untersucht werden, und zwar von einem Sachverständigen."

„Bei uns in Freiburg gibt's ein Parapsychologisches Institut", warf ich ein. „Vielleicht . . ."

Tante Lily unterbrach mich. „Mir fällt da eben ein, daß sich einer meiner Kunden mit solchen Dingen befaßt. Wir haben uns vor Jahren einmal in meinem Laden über Spuk und Geister unterhalten. Er ist Nervenarzt und Parapsychologe – wenigstens stand das auf seiner Visitenkarte. Ich halte ihn für einen ganz vernünftigen Mann. Er hat im vergangenen Winter mehrere Möbelstücke bei mir gekauft."

„Weißt du seine Adresse?" fragte Alfs Stiefvater.

„Auswendig natürlich nicht. Er wohnt irgendwo außerhalb von Salzburg, glaube ich. Aber das kann ich herausfinden. Ich brauche nur in meinen Steuerbelegen nachzusehen. Ja, vielleicht kann er uns weiterhelfen!"

„Ich wäre froh, wenn du gleich bei Tagesanbruch nach Salzburg fahren und seine Adresse feststellen könntest", erwiderte Alfs Stiefvater. „Wir müssen so schnell wie möglich etwas unternehmen. Ich werde vorerst hierbleiben." Er machte ein düsteres Gesicht. „Wir müssen uns auch darauf gefaßt machen, daß wir bald von Reportern belagert sein werden, fürchte ich. Ein paar von unseren Gästen werden sicher herumerzählen, was hier los war . . ." Er stockte. „Du liebe Zeit, jetzt fällt mir Alice ein! Sie war ja die ganze Zeit allein auf ihrem Zimmer, während der Spuk passierte. Hoffentlich ist ihr nichts zugestoßen!"

Er sprang auf, und wir folgten ihm aus dem Herrenzimmer die Treppe hinauf. Im Schloß war es jetzt sehr still. „Die Ruhe nach dem Sturm", flüsterte Jörg mir zu.

Als wir zu Alices Zimmertür kamen, blieben wir stehen und lauschten. Von drinnen erklang leises Knarzen, als bewegte sich Alice in ihrem Bett. Dann hörten wir einen unterdrückten Laut, fast wie ein Stöhnen.

„Alice!“ sagte Alfs Stiefvater laut, doch es kam keine Antwort.

Er öffnete die Tür. Im Zimmer war es dunkel. Als das Licht aufflammte, erwartete ich, Alice aufrecht im Bett sitzen zu sehen, aber sie lag in den Kissen und schlief.

Sie merkte nichts von unserem Eintreten, wachte auch nicht auf, als wir uns um ihr Bett versammelten. Unruhig warf sie sich von einer Seite auf die andere und stöhnte, als würde sie von schweren Träumen geplagt. Ihr Gesicht war rot, es glühte förmlich. Ihre Augenlider zuckten im Schlaf.

„Sie fiebert“, sagte Tante Lily leise.

Alfs Stiefvater seufzte. „Vielleicht ist es der verletzte Knöchel. Wenn ich Dr. Hofer nur auch gleich zu ihr gebracht hätte, als er bei Nina war! Wir kümmern uns wirklich viel zuwenig um das Kind.“ Er warf einen Blick auf seine Armbanduhr. „Es ist schon fast zwei Uhr. Trotzdem – ich glaube, ich fahre noch mal ins Dorf und hole den Arzt.“

Tante Lily zog einen Stuhl ans Bett und setzte sich. „Laß uns bis zum Morgen abwarten“, erwiderte sie im Flüsterton. „Kinder bekommen leicht Fieber; es ist vielleicht nicht weiter schlimm. Ich bleibe vorerst mal bei ihr. Alf, sei so lieb und geh in die Küche. Ein Glas frisch ausgepreßter Orangensaft würde ihr guttun. Sie wird Durst haben, wenn sie aufwacht.“

Mein Blick lag auf Alice. Ihre Haare klebten an den Schläfen, ihre Hände tasteten über die Bettdecke, als suchte sie etwas. Als ich Alf und Jörg aus dem Zimmer folgte, hörte ich sie leise und gequält wimmern. Es klang fast wie das Fiepen eines jungen Hundes.

Ich drehte mich noch einmal um. Plötzlich kam mir der Gedanke, daß der Poltergeist womöglich auch hier sein Unwesen getrieben und Alice in Angst und Schrecken versetzt hatte. Das wäre eine Erklärung für den unerwarteten Fieberanfall gewesen.

Doch nichts im Raum deutete auf irgendwelche außergewöhnlichen Begebenheiten hin. Spielzeug war auf dem Teppich verstreut, Kleidungsstücke waren achtlos über Stuhllehnen geworfen, ein einäugiger Teddybär lag mit verrenkten Gliedern auf dem Sofa. Es war nur die übliche Unordnung eines Kinderzimmers.

Alfs Stiefvater knipste die Nachttischlampe an und schaltete das Deckenlicht aus. Dann legte er ein Tuch über die kleine Lampe, um das Licht abzuschirmen, und setzte sich neben seine Schwägerin ans Bett. Wir verließen leise das Zimmer.

16

Am nächsten Tag begann der Belagerungszustand. Die Nachricht vom Spuk im Schloß mußte sich wie ein Lauffeuer verbreitet haben – schneller als irgend jemand von uns erwartet hatte.

Die ersten Reporter tauchten am späten Vormittag auf. Da noch niemand auf einen so raschen Überfall vorbereitet war, schafften sie es sogar, sich Eintritt zu verschaffen.

Alf und ich hörten einen Wagen auf den Schloßhof fahren. Wir waren gerade im Treppenhaus und beugten uns über die Brüstung. Da sahen wir sie in der Halle mit Frau Renzi sprechen, zwei Männer und eine Frau. Und als wir lauschten, drangen Wortfetzen wie „Ball" und „Spuk" zu uns herauf. Jetzt wußten wir, daß sich der Vorfall bereits herumgesprochen hatte.

Wir suchten Alfs Stiefvater und fanden ihn im Gespräch mit dem Arzt vor Alices Zimmer. „Hat sie sich über irgend etwas sehr aufgeregt?" fragte Dr. Hofer gerade. „Es sieht nach einer Art Nervenfieber aus. Der verstauchte Knöchel ist wohl kaum die Ursache für die hohe Temperatur."

Alfs Vater zögerte. Statt einer Antwort erwiderte er: „Ist es ernst, Doktor?"

„Ich glaube nicht. Hohes Fieber ist bei Kindern nicht so ungewöhnlich. Ihre Tochter ist ein auffallend nervöses Kind. Ich habe schon mehrmals mit Ihrer Frau darüber gesprochen. Alice braucht viel Geduld und Zuwendung; vielleicht sollten Sie sie sogar zu einem Kindertherapeuten in Behandlung geben. Ihr Körper wird so lange auf alles überempfindlich reagieren, bis ihr Gemütszustand gleichmäßiger und ruhiger geworden ist. Bitte sorgen Sie dafür, daß Alice dreimal täglich von den Tabletten bekommt, die ich Ihnen gegeben habe."

Dr. Hofer verabschiedete sich, und als wir ihn zum Treppenabsatz begleiteten, drang aus dem Gruselkabinett Stimmengewirr zu uns herauf. Offenbar waren inzwischen noch mehr Reporter ins Schloß gekommen.

Schon stürmten ein paar von ihnen die Treppe herauf, ihre Kameras gezückt, und rannten den Arzt fast um. Wir hörten Auslöser klicken. Alfs Stiefvater seufzte und ging ihnen entgegen, nachdem er meinem Bruder und mir noch rasch zugeflüstert hatte, wir sollten dafür sorgen, daß alle Türen, die ins Freie führten, versperrt wurden.

Wir machten kehrt, da wir keine Lust hatten, weiter fotografiert zu werden, und gingen über die Hintertreppe. Durch eine Seitenpforte betraten wir den Schloßgarten und baten Karl, zusammen mit dem Schürli die zerbrochenen Terrassentüren vollständig dicht zu machen, so daß kein Unbefugter ins Schloß kommen konnte. Dann liefen wir in die Küche, sagten dem Personal Bescheid, daß niemand mehr eingelassen werden durfte, der nicht hierhergehörte, und verriegelten die vier Seitenpforten und die Tür zum Wintergarten.

Als wir in die Halle kamen, schloß Alfs Stiefvater gerade das Hauptportal hinter den Reportern. Er wischte sich den Schweiß von der Stirn und sagte erschöpft: „Herrje, und das nach einer schlaflosen Nacht! Ich gehe jetzt rasch nach oben und sehe nach deiner Mutter, Alf. Der Arzt hat ihr noch eine Spritze gegeben. Ich hoffe, sie schläft wieder. Bitte seht nach, ob im Erdgeschoß alle Fenster geschlossen sind. Der Belagerungszustand hat schon angefangen. Manche von diesen Leuten scheuen vor nichts zurück; sie wären durchaus fähig, durchs Fenster hereinzuklettern, um Stoff für ihre Sensationsmeldungen zu bekommen."

„Wie hast du's denn geschafft, sie abzuwimmeln?" fragte Alf.

„Ach, ich habe einfach behauptet, jemand hätte sich einen schlechten Scherz erlaubt, ein ehemaliger Angestellter, der wütend über seine Entlassung war. Ich sagte, es wäre kein Spuk gewesen, sondern nur ein Racheakt. Ob sie mir geglaubt haben, weiß ich nicht."

Er verriegelte das Portal von innen, und irgendwo klingelte hartnäckig ein Telefon. Frau Renzi eilte an uns vorbei, und Alfs Stiefvater fügte hinzu: „Tante Lily ist vor zwei Stunden nach Salzburg gefahren. Sie hat versprochen, kurz nach Mittag wieder hier zu sein. Falls ihr das Haus verlassen wollt, geht auf Schleichwegen. Wenn euch doch ein Reporter erwischt, müßt ihr eben die gleiche Erklärung abgeben wie ich."

Er ging die Treppe hinauf. Die ausgestopften Tierköpfe starrten düster auf uns herunter. „Der Ärmste!" sagte ich zu Alf. „Er scheint ganz fertig zu sein."

Mein Bruder nickte. „Ja, das ist er. Aber ich habe ihn nie zuvor so menschlich erlebt. Eigentlich ist er mir seit gestern abend richtig sympathisch. Er versucht wenigstens nicht, sich vor der Verantwortung zu drücken. Ich bin froh, daß er hier ist."

Während wir von Zimmer zu Zimmer gingen und Dutzende von Fensterflügeln schlossen, sagte ich: „Ich glaube, es ist gut, daß endlich jemand kommt und versucht, der Sache auf den Grund zu gehen, Alf – jemand, der etwas von derartigen Dingen versteht. Obwohl ich mir nicht vorstellen kann, wie irgendein Mensch herausfinden soll, was hinter dem Spuk steckt."

Etwas Ähnliches sagte auch Tante Lily, als sie nachmittags aus Salzburg zurückkam. „Professor Schurrmann war äußerst interessiert, als ich ihm am Telefon erzählte, was hier passiert ist. Er wird gleich morgen früh zu uns kommen. Allerdings kann ich mir nicht vorstellen, wie er herausfinden will, was hinter den Vorfällen steckt."

„Wer weiß", sagte Alfs Stiefvater. „Ich bin jedenfalls froh, daß sich ein Experte mit der Angelegenheit befaßt. Bitte ruf den Professor noch mal an, Lily, und vereinbare mit ihm, daß ihn jemand aus dem Schloß im Dorf abholt. Wir müssen versuchen, ihn möglichst ohne Aufsehen hereinzuschleusen. Du hast ja selbst erlebt, wie sehr uns die Reporter belagern!"

„Ja, sie sind die reinste Pest", bestätigte Tante Lily. „Auf mich ist die Meute auch sofort losgestürzt, als ich kam. Ich habe behauptet, ich wäre nur eine Reinemachefrau aus dem Dorf und wüßte von nichts. Natürlich haben sie mir nicht geglaubt. Frau Renzi und ich hatten alle Mühe, sie davon abzuhalten, sich neben mir durch die Tür zu zwängen."

Am Nachmittag schlugen die Zeitungsleute ihr Lager im Schloßgarten auf. Sie saßen in Gruppen auf dem Rasen, rauchten, lagen auf den steinernen Bänken, verzehrten Brote und tranken Bier und knipsten zwischendurch das Schloß von allen Seiten. Als Karl den Versuch machte, sie zu vertreiben, wurde er sofort von einem ganzen Schwarm umringt und mit Fragen bestürmt. Wir beobachteten hinter einem Vorhang verborgen, wie er sich fluchtartig ins Gärtnerhaus zurückzog. Der Schürli hatte sich irgendwo verschanzt und tauchte überhaupt nicht mehr auf.

Wir hätten uns gern mit Jörg getroffen, doch bei dem gegenwärtigen Belagerungszustand war es praktisch unmöglich, das Schloß zu verlassen, ohne gesehen zu werden. Wir telefonierten mit ihm und vereinbarten, daß wir uns nach Einbruch der Dunkelheit am Bootssteg treffen wollten.

„Dann wird hoffentlich der größte Teil der Hyänen verschwunden sein", meinte Alf. „Und wenn es dunkel wird, können wir's eher schaffen, uns ungesehen wegzuschleichen."

Am Nachmittag ging es Alice schon wieder besser. Sie saß im Bett und tyrannisierte den ganzen Haushalt mit ihren Befehlen. Eines der Dienstmädchen war nur damit beschäftigt, ihre Wünsche zu erfüllen. Sie wollte Eis und Saft und Salzburger Nockerln und eine bestimmte Sorte Bonbons, die im Schloß nicht aufzutreiben war. Ihr Vater sollte mit ihr Halma spielen, Tante Lily mußte ihr vorlesen, Alf sollte eine der Katzen in ihr Zimmer bringen.

Schließlich tauchte auch Alfs Mutter auf, bleich wie ein Gespenst. Sie klagte über fürchterliche Kopfschmerzen.

„Keiner kann von mir verlangen, daß ich weiter in diesem gräßlichen Haus bleib!" jammerte sie. „Was bloß alle meine Freunde sagen werden? Schneiden werden sie mich, ach Gott! Ich weiß gar net, was ich machen soll! So eine Blamage! All die Erdäpfel, und dazu die eklige Klopferei! Nie wieder wird einer kommen, wenn ich ein Fest geb!"

„O doch, sie werden schon kommen", erwiderte ihre Schwester gelassen. „Und wenn's nur aus Sensationslust ist. Aber das ist im Augenblick wirklich nicht so wichtig, Nina. Viel wichtiger ist es, daß diese seltsamen Umtriebe aufgeklärt werden müssen. Morgen kommt ein Professor, der . . ."

Doch Alfs Mutter hörte schon nicht mehr zu. „Freilich ist's wichtig!" sagte sie schrill. „Ich steh schließlich im Licht der Öffentlichkeit und kann's mir nicht leisten, daß die einflußreichsten Leute mich schneiden!"

Der Spuk selbst schien sie nicht weiter zu interessieren. Sie nannte ihn nur „dieses komische Spektakel" und faßte sich stöhnend an den Kopf, weil im Schloß unentwegt irgendwo ein Telefon klingelte.

Bei Einbruch der Dunkelheit gelang es uns wirklich, das Schloß unbemerkt zu verlassen. Wir kletterten aus einem der Fenster im Erdgeschoß, leise wie Einbrecher, und stahlen uns durch dichtes Gebüsch davon.

Im Schloßgarten verrieten leise Stimmen und einzelne Lichtpünktchen von glimmenden Zigaretten, daß der Belagerungszustand noch nicht aufgehoben war. Doch keiner hörte uns, als wir uns durch die Hecke zwängten und im Wald verschwanden.

17

Es war noch früh am Vormittag, als Professor Schurrmann kam. Tante Lily selbst fuhr ins Dorf und brachte ihn in ihrem Wagen zum Schloß.

Alf und ich standen am Fenster und beobachteten, wie der Professor ausstieg und mit Tante Lily zur Freitreppe eilte; eine kleine, stämmige Gestalt im Trenchcoat und mit einem karierten Schal um den Hals.

Ich war ausgesprochen neugierig auf den Professor. Schließlich hatte ich noch nie im Leben einen Menschen getroffen, der sich wie er beruflich mit Spuk und Geistern beschäftigt. Was ich erwartete, wußte ich nicht genau; vielleicht einen Typ wie Sherlock Holmes. Jedenfalls war ich richtig überrascht, als er sich als ganz normaler Durchschnittsmann mit gutmütigem Gesicht und rosigen Apfelbäckchen entpuppte. Er mochte etwa um die Fünfzig sein, hatte spärliches braunes Haar und die Angewohnheit, seinen Gesprächspartner nicht anzusehen. Seltsamerweise war er trotzdem ein bemerkenswert guter Beobachter.

Tante Lily holte uns in die Bibliothek, wo Professor Schurrmann schon mit Alfs Stiefvater beisammensaß. Ich schauderte unwillkürlich leicht, als ich den Raum betrat.

„Wirklich eine seltsame Atmosphäre in diesem Zimmer, nicht?" murmelte der Professor, als ich ihm vorgestellt wurde. „Du fürchtest dich doch nicht – oder muß ich Sie sagen?" Dabei war sein Blick nicht auf mich, sondern auf eines der Fenster gerichtet.

„Du ist schon in Ordnung", erwiderte ich. „Ja, die Bibliothek ist mir ein bißchen . . . unheimlich."

„Durchaus verständlich. Frau Auersbach hat mir schon erzählt, was sich hier zugetragen hat", sagte er, und sein Blick schweifte zum Teppich. „Natürlich nur in groben Umrissen. Ich würde es gern noch einmal genauer von euch beiden hören."

Wir setzten uns. Alfs Stiefvater zog an der altmodischen Klingelschnur und fragte den Professor, ob er etwas trinken wolle, einen Whisky vielleicht oder ein Gläschen Sherry. Der Professor bat um Mineralwasser.

Tante Lily und ihr Schwager bestellten Kaffee, und als das Dienstmädchen verschwand, erzählten erst Alf, dann ich mit großer Genauigkeit, wie wir den Vorfall in der Bibliothek erlebt hatten.

Professor Schurrmann hörte aufmerksam zu, ohne uns direkt anzusehen. Er stellte auch keine Zwischenfragen. Schließlich erwähnte ich noch meine Erlebnisse mit dem nächtlichen Klopfspuk und dem Spinnrad.

Der Professor nickte mehrmals. Er machte keine Bemerkung zu dem, was wir berichtet hatten. Ich wußte nicht einmal, ob er uns glaubte. Er erkundigte sich nur, ob während der letzten Zeit im Schloß öfter Gegenstände zu Bruch gegangen wären.

„O ja", sagte Alf. „Alles mögliche. Eine kostbare Vase zum Beispiel, und eine Puppe aus Tante Lilys Sammlung."

„Ach, und das mit den Kohlen!" rief ich dazwischen. „Das hätte ich beinahe vergessen. Einen Tag vor dem Ball war ich im Bügelzimmer, und da wurde plötzlich eine Menge Kohlenstücke durchs Fenster geworfen!"

Der Professor blinzelte und sah sich in der Bibliothek um. Seine Augen glitzerten. Er sah aus wie ein Naturforscher, der auf ein seltenes Exemplar eines Käfers gestoßen ist.

„Interessant", murmelte er. „Das ist alles höchst interessant. Und der Ball – sozusagen die Krönung des Spuks! Hm. Ich muß später hinuntergehen und mir den Ballsaal ansehen. Es ist doch hoffentlich nicht schon alles wieder aufgeräumt worden?"

„Ich fürchte doch", sagte Alfs Stiefvater entschuldigend. „Frau Renzi würde eine solche Unordnung nie dulden. Aber ich habe ein paar von den Kartoffeln an mich genommen, weil ich dachte, sie könnten eine Art Beweismaterial sein. Und Sie können sich den zerbrochenen Spiegel und die Terrassentüren ansehen. Die Überreste des Lüsters – eine Stange, ein paar Drähte und Glasstücke – hängen noch von der Decke."

Der Professor nickte wieder. „Lampen", sagte er. „Strom, Spannung, Licht – das ist immer wieder ein zentraler Punkt. Wirklich faszinierend!"

Er verstummte, und für eine Weile herrschte Stille in der Bibliothek. Man hörte nur das Schrillen des Telefons, doch daran waren wir inzwischen gewöhnt.

Unvermittelt fragte er: „Ich muß wissen, wer hier im Schloß wohnt. Aber zuerst noch eine andere Frage: Wie lange haben Sie diese Vorgänge schon beobachtet?"

Die Frage war an Alfs Stiefvater gerichtet, doch der machte eine Handbewegung in Alfs Richtung und schwieg. Mein Bruder überlegte. „Oh, etwa seit drei Monaten, würde ich sagen. Ja, es hat im Spätfrühling angefangen."

„Du bist nur als Feriengast hier, nicht wahr?" sagte Professor Schurrmann. Offenbar meinte er mich, denn er sprach ja sonst niemanden mit du an. Verdächtigte er mich vielleicht?

„Ja", erwiderte ich wachsam. „Ich bin erst vor zwei Wochen aufs Schloß gekommen."

„Aha. Sind sonst noch junge Leute hier? Kinder? Junges Dienstpersonal?"

Die Frage berührte mich seltsam. Worauf wollte er hinaus? Ich hörte, wie Alfs Stiefvater sagte: „Zwei von den Dienstmädchen sind noch ziemlich jung – so um die Zwanzig, glaube ich. Dann ist da noch meine Tochter. Sie ist vor kurzem sechs Jahre alt geworden."

„Ach, Sie haben eine kleine Tochter?" Der Professor starrte zur Zimmerdecke. „Wo ist sie denn jetzt?"

„Im Bett. Sie hatte gestern ziemlich hohes Fieber, und der Arzt meinte, wir sollten sie noch mindestens einen Tag lang im Bett behalten, bis sie wieder ganz in Ordnung ist."

„Fieber? Aber ich kann sie doch sprechen? War sie beim Ball anwesend?"

Die Fragen kamen wie Pistolenschüsse, und Alfs Stiefvater erwiderte etwas verwirrt: „Meine Frau wollte nicht, daß Alice am Ball teilnimmt. Sprechen können Sie schon mit ihr, warum nicht? Sie ist nur ein etwas ... ein schwieriges Kind. Eine Art enfant terrible, leider."

Der Professor hob den Kopf. „Ein schwieriges Kind, so, so", murmelte er. „Aha. Und Ihre Gattin? Ist sie verreist?"

„O nein, sie ist schon im Schloß. Sie fühlt sich nur nicht besonders wohl – der Schock, wissen Sie."

Professor Schurrmann nickte, schien dabei aber an etwas anderes zu denken. Dann stand er plötzlich auf und sagte, den Blick auf eine

Reihe von alten Lederbänden gerichtet: „Wenn Sie erlauben, würde ich mir jetzt gern den Ballsaal ansehen. Und dann möchte ich mit einigen Leuten sprechen. Mit Ihrer Gattin, falls sie sich wohl genug fühlt, mich zu empfangen, mit Ihrer kleinen Tochter und dem Dienstpersonal."

Wir gingen nicht mit in den Ballsaal hinunter, Alf und ich. Wie es dort aussah, wußten wir ja. Viel mehr hätte es mich interessiert, zuzuhören, wenn sich der Professor mit Alfs Mutter und Alice unterhielt; doch das ging natürlich nicht.

„Seltsamer Typ", sagte mein Bruder, als wir zusammen in sein Zimmer gingen. „Hast du bemerkt, daß er einen beim Sprechen nie ansieht?"

Ich nickte. „Ja, aber er sieht trotzdem verflixt genau, was um ihn herum vorgeht. Er wußte ja auch sofort, daß ich Angst hatte, als ich in die Bibliothek kam. Übrigens – ich hatte einen Augenblick lang fast das Gefühl, als würde er mich verdächtigen. Als er mich fragte, wie lange ich schon hier bin, meine ich."

Alf sah mich an. „Er scheint wirklich nach jemandem zu suchen, der hinter dem ganzen Spuk stecken könnte, Julie. Das bedeutet doch wohl, daß er gar nicht an Spuk glaubt, oder? Aber wie soll irgendein menschliches Wesen zu all dem fähig gewesen sein?" Und er fuhr sich mit gespreizten Fingern durch die Locken.

„Wirklich seltsam", murmelte ich. „Vielleicht werden wir es nie erfahren – ich bin sogar ziemlich sicher, daß bei dieser Untersuchung nichts herauskommt. Aber eines ist mir aufgefallen: Seit der Professor im Schloß ist, warte ich nicht mehr so ängstlich darauf, daß irgend etwas Unheimliches passiert. Vielleicht ist es nichts als Einbildung, aber ich fühle mich wirklich durch seine bloße Gegenwart sicherer."

Wir sahen und hörten den ganzen Nachmittag lang nichts mehr von Professor Schurrmann. Beim Mittagessen waren wir allein. Dann saßen wir stundenlang in Alfs Zimmer, versuchten zu lesen und ärgerten uns darüber, daß wir das Schloß noch immer nicht verlassen konnten. Es war schwer, die Spannung so untätig zu ertragen.

„Ob er etwas herausfindet?“ sagte Alf mehrmals voller Unruhe, fast, als erwartete er irgendein Unheil. Mir war ähnlich zumute wie ihm. Mein Körper kribbelte vor Nervosität, und ich ertappte mich immer wieder dabei, wie ich auf Schritte im Treppenhaus lauschte oder zusammenzuckte, wenn irgendwo das Telefon schrillte.

Schließlich brach die Dämmerung herein, und wir hielten es nicht länger aus, einfach nur dazusitzen und zu warten.

„Komm, Julie“, sagte Alf, „wir gehen zu Tante Lily. Sie weiß sicher, ob der Professor schon irgend etwas herausgefunden hat.“

Doch Alfs Tante war nicht in ihrem Zimmer. Als wir auf dem Rückweg an der Bibliothek vorbeikamen, hörten wir Stimmengemurmel hinter der Tür und blieben unschlüssig stehen, weil wir nicht wußten, ob wir einfach hineingehen konnten.

Alf gab mir durch ein Zeichen zu verstehen, ich solle mich ruhig verhalten. Wir lauschten. Natürlich war es nicht gerade die feine englische Art, was wir da taten. Unsere Spannung war jedoch einfach zu groß, als daß wir uns noch um irgendwelche Anstandsregeln gekümmert hätten.

Eine Frauenstimme sagte gerade: „. . . die Schritte, das Klopfen. Es ist doch einfach unmöglich, daß irgendein Mensch solche Dinge zustande bringt!“ Es war Tante Lily.

„Und die Kartoffeln!“ hörten wir eine Männerstimme ziemlich laut und erregt sagen, die Stimme von Alfs Stiefvater. „Wie könnte eine Person es im Alleingang schaffen, mehrere Pfund Kartoffeln gleichzeitig zu schleudern – aus weiter Entfernung und mit solcher Wucht? Noch dazu ein Kind!“

Alf und ich starrten uns an. Ein Kind? Wir lauschten in großer Erregung. Ich merkte, wie meine Knie zitterten.

„Es geht hier nicht um körperliche Kräfte, nicht einmal um körperliche Gegenwart“, hörten wir den Professor sagen. „Es handelt sich viel eher um Kräfte aus dem geistig-seelischen Bereich, um Energien, die ein gestörtes Gemüt entwickeln kann.“

Es war dämmrig im Korridor, doch ich sah noch genug, um Alfs Blick zu deuten. Er war ebenso verwirrt wie ich. Was hatte das alles zu bedeuten? Der Professor sprach schon weiter. Ich verstand nicht einmal die Hälfte von dem, was er sagte. Er benutzte Ausdrücke wie Psychokinese, Gehirnströme, Kraftfelder, elektrostatische und magnetische Energie und schwierige emotionale Anpassung. Je länger er sprach, um so weniger begriff ich. Worauf wollte er hinaus? Was meinte er bloß?

Endlich schwieg er. In der Bibliothek herrschte sekundenlang Stille. Dann sagte Alfs Stiefvater langsam: „Sie meinen also, sie hätte all diese Vorgänge unbewußt verursacht. Sie meinen, daß der Spuk durch aufgestauten Zorn oder hilflosen Haß bewirkt worden ist? Nein, Professor, das kann ich einfach nicht glauben! Sie ist ein schwieriges Kind, ja. Aber . . .“

Das Ende des Satzes hörte ich nicht mehr. Ich sah Alf an. Seine Lippen formten ein Wort: Alice.

18

Ich erschrak heftig. Doch zugleich war auch etwas in mir, was diese Lösung des Rätsels fast selbstverständlich hinnahm, eine Art geheimes Wissen. Es war, als hätte ich es längst geahnt und nur nicht wahrhaben wollen, weil mein Verstand sich dagegen gewehrt hatte.

Ich sah, daß Alf sehr blaß geworden war, und hörte gleichzeitig Schritte hinter der Tür.

Noch ehe sich einer von uns beiden bewegen konnte, wurde die Bibliothekstür geöffnet. Professor Schurrmann stand auf der Schwelle. Einen Augenblick lang sprach keiner ein Wort. Dann sagte er ruhig: „Kommt doch herein.“

Wir schämten uns nicht, weil wir gelauscht hatten; dafür war die Situation einfach zu außergewöhnlich. Schweigend traten wir ins Zimmer. Eine kleine Leselampe brannte. In ihrem Schein sah ich das Gesicht von Alfs Stiefvater. Es war grau, und tiefe Schatten lagen unter seinen Augen.

„Ihr habt gehört, worüber wir gesprochen haben?" fragte Professor Schurrmann gelassen.

„Ja", erwiderte Alf leise, und wir setzten uns. „Sie verdächtigen Alice, nicht?"

„Verdächtigen ist kein gutes Wort." Der Professor nahm ebenfalls Platz. „Es klingt so nach der Aufklärung eines Verbrechens. Dies hier ist aber etwas anderes. Doch ich glaube wirklich, daß die Kleine hinter den Poltergeist-Phänomenen steckt. Die Erfahrung hat uns gezeigt, daß in solchen Fällen meist ein sehr junger Mensch in schwieriger Gefühlslage, oft ein Kind, der Auslöser für derart außergewöhnliche Umtriebe ist. Meist sind aufgestaute Gefühle – Haß und hilfloser Zorn – die Ursache dafür. Solche Personen können geheime Kräfte entwickeln, mit denen sie die unglaublichsten Dinge vollbringen. Wohlgemerkt: Das alles geschieht völlig unbewußt! Es steckt keine Überlegung dahinter."

„Das kann ich nicht glauben", sagte Alfs Stiefvater fast feindselig. „Wie kommen Sie so rasch darauf, daß meine Tochter hinter dem Spuk stecken könnte? Sie haben nichts von allem erlebt. Sie sind erst seit wenigen Stunden hier, und schon wollen Sie das Rätsel gelöst haben!"

Er sah den Professor anklagend an. „Sie sind mit einer vorgefaßten Meinung hierhergekommen, geben Sie es zu! Sie haben sofort nach jemandem gesucht, der in Ihre Vorstellung vom Verursacher eines Poltergeist-Spuks paßt, nach einem Kind, das schwierig und voller Angriffslust ist. Und Alice ist genau die Person, die in Ihre Vorstellungen gepaßt hat! Aber das beweist noch gar nichts!"

Professor Schurrmann blieb ganz ruhig. „Vielleicht", erwiderte er friedlich. „Ja, vielleicht war es so. Es ist auch durchaus möglich, daß ich mich täusche. All unsere Erklärungen für derartige Vorgänge sind bisher nur Annahmen. Wir sind noch immer auf Mutmaßungen angewiesen."

Er seufzte. „Aber ich bitte Sie herzlich, fassen Sie meine Erklärung nicht als Anklage oder Angriff gegen Ihre Tochter auf. Es soll nicht heißen, daß ich Ihre kleine Tochter für bösartig oder gar für geistesgestört halte. Sie ist nur einfach großen seelischen Belastungen und Schwankungen unterworfen. Vielleicht sind diese rätselhaften Umtriebe eine Art Hilferuf. Ich bin doch nicht als Ihr Feind hier, sondern um Ihnen zu helfen!"

Alfs Stiefvater nickte. „Verzeihen Sie", sagte er. „Sie haben ja recht. Wir wollen gemeinsam versuchen, die Sache aufzuklären und eine Lösung zu finden." Er schwieg eine Weile und fuhr dann fort: „Ich lebe schon seit langem mit Schuldgefühlen, weil ich weiß, daß ich mich mehr um Alice kümmern sollte. Meine Frau – Sie haben sie ja kennengelernt – ist kein mütterlicher Typ. Sie ist Künstlerin und lebt in ihrer eigenen Welt. Vielleicht sind diese Poltergeist-Vorgänge wirklich Alices Art, sich gegen die Vernachlässigung und Verständnislosigkeit zur Wehr zu setzen. Trotzdem ... Ich kann einfach nicht verstehen, wie das alles möglich sein soll!"

„Es ist mit dem Verstand nicht zu begreifen, das habe ich schon gesagt", erwiderte Professor Schurrmann und sah vorwurfsvoll auf den Teppich. „Das gilt für alle Dinge, die in die Grenzbereiche des Lebens fallen."

„Aber wie soll ein Mensch, noch dazu ein Kind, derartige Kräfte entwickeln?" fragte Tante Lily kopfschüttelnd. „Wir wissen, daß Alice auf ihrem Zimmer war – noch dazu mit einem verstauchten Knöchel –, als dieses Spektakel im Ballsaal passierte. Wie soll sie es durch bloße Geisteskraft, oder wie Sie das auch immer nennen wollen, geschafft haben, den Kronleuchter platzen zu lassen? Wie war das mit den Kartoffeln möglich – woher hat sie sie genommen, wie soll sie sie geschleudert haben? Aber das war sie ja wohl gar nicht selbst ... Ach, es ist einfach unvorstellbar! Es kann nicht sein!"

„Wie gesagt, es gibt keine Erklärungen, die wir mit unserem Verstand finden könnten", erwiderte der Professor geduldig. „Es geht hier auch wirklich nicht um die Körperkräfte der Kleinen, die sind natürlich sehr begrenzt. Aber die spirituellen, die geistigen Kräfte, sind oft ungleich viel stärker als die körperlichen. Bei Menschen, die sich in großer seelischer Verwirrung befinden, können die spirituellen

Kräfte manchmal Unglaubliches bewirken, das lehrt uns die Erfahrung. Vielleicht ist in solchen Fällen sogar eine Art Loslösung des Geistes vom Körper möglich – das ist aber nur eine Vermutung von mir. Die Schritte in der Bibliothek, die unsere beiden jungen Leute hier gehört haben, wären ein Beweis dafür."

„Sie meinen, daß Alice es geschafft haben soll, an zwei Orten gleichzeitig zu sein – irgendwo im Schloß, auf ihrem Zimmer vielleicht, und zur selben Zeit auch in der Bibliothek, wo sie uns durch Schritte erschreckte?" fragte Alf. „Aber selbst wenn so etwas möglich wäre – warum soll sie das getan haben?"

Professor Schurrmann seufzte leicht. „Das kann ich nicht beantworten", sagte er. „Ich kenne die Verhältnisse und die menschlichen Beziehungen hier zuwenig, weiß zum Beispiel nicht, welche Haß- oder Rachegefühle die kleine Alice gegen einzelne Personen im Schloß hegt."

Er stockte. Diesmal sah er mich direkt an, und ich dachte: Alice hat mich von Anfang an gehaßt. Sie wollte nicht, daß ich aufs Schloß kam. Sie muß befürchtet haben, daß ich ihr Alf wegnehme. Durch den großen Altersunterschied bestand nie eine richtige geschwisterliche Bindung zwischen ihr und Alf. Dann kam ich, ebenfalls seine Halbschwester, nur zwei Jahre jünger als er . . .

Unwillkürlich sagte ich: „Ich glaube, Alice hätte mich nur zu gern von hier vertrieben. Sie hat es ja auch ein paarmal gesagt, und . . . Ja, vielleicht hat sie auf diese Weise versucht, sich an uns zu rächen, an Alf und mir, weil wir sie ausgeschlossen haben. Und das haben wir ja wirklich getan."

Professor Schurrmann nickte mehrmals. „Ja", murmelte er. „Das wäre eine Erklärung."

„Es könnte wirklich stimmen", warf mein Bruder schuldbewußt ein. „Ich glaube, ich habe Alice oft zurückgewiesen, wenn sie zu mir gekommen ist. Auch früher schon, ehe Julie hier war. Aber ich . . . Sie ist immer so schwierig, und ich wollte einfach nicht ständig eine kleine Schwester am Rockzipfel hängen haben!" Er verteidigte sich plötzlich, als wäre er ein Angeklagter vor Gericht. „Aber gehäuft haben sich die unheimlichen Vorfälle wirklich erst, als Julie kam. Vielleicht hat Alice sogar unbewußt versucht, Julie auf diese Weise von hier zu vertreiben. Das wäre möglich."

„Und der Ball – auch das könnte eine Art kindlicher Racheakt gewesen sein!" fügte Alfs Stiefvater erregt hinzu. „Meine Frau hat ihr verboten, daran teilzunehmen. Daraufhin hat Alice damit gedroht, sie würde ausreißen, und meine Frau hat Anweisung gegeben, sie auf ihrem Zimmer einzuschließen. Alice ist dann aus dem Fenster geklettert und hat sich dabei am Fuß verletzt."

„Wodurch sie in ihrer Bewegungsfreiheit eingeschränkt war und sich nicht mehr körperlich zur Wehr setzen konnte", folgerte der Professor. „So hat sie sich auf andere Weise gerächt – auf äußerst wirkungsvolle Weise übrigens. Ja, das scheint mir alles sehr einleuchtend zu sein." Er seufzte wieder. „Ach, das ist ein wahrer Paradefall! Zu schade, daß Sie darauf bestehen, die Sache geheimzuhalten. Der Fall wäre natürlich für viele meiner Kollegen höchst aufschlußreich!"

Alfs Stiefvater war in Gedanken versunken. „Es läuft alles auf das gleiche hinaus", sagte er mehr zu sich selbst. „Alice hat sich ungeliebt, vernachlässigt und zurückgestoßen gefühlt und sich auf ihre Art dafür gerächt." Ein Schatten ging über sein Gesicht. „Ich kann mich nicht von dem Vorwurf freisprechen, daß ich mich zuwenig um sie gekümmert habe. Ein Kind zu haben, bedeutet Verantwortung. Ich habe versucht, diese Verantwortung auf andere abzuwälzen. Jetzt bekomme ich die Rechnung dafür präsentiert."

„Was hat es für einen Sinn, wenn du dir Vorwürfe machst, Karl-Ferdinand?" sagte Tante Lily vernünftig. „Es ist nun einmal passiert. Wir müssen froh sein, daß das Problem jetzt klar ans Licht gekommen ist, so daß wir es anpacken können. Falls Alice wirklich die Ursache des Spuks ist, und falls sich noch etwas ändern läßt."

Alfs Stiefvater nickte. Er sah so unglücklich aus, daß ich Mitleid mit ihm empfand.

„Ja", sagte er, „falls . . ." Er sah Professor Schurrmann an. „Was würden Sie mir raten, Professor? Was soll ich tun?"

„Die Kleine von hier wegbringen, würde ich zuerst einmal sagen. Das wäre der wichtigste Schritt." Professor Schurrmann sah starr auf die Leselampe. „Dann würde ich Ihnen eine Behandlung bei einem guten Kindertherapeuten empfehlen. Wenn ihr seelisches Gleichgewicht wiederhergestellt ist, werden auch die Poltergeist-Umtriebe aufhören."

„Ein guter Kindertherapeut? Können Sie mir einen empfehlen?"

„Ja, ich wüßte einen. Er lebt allerdings in Wien, und die Behandlung müßte schon etwa dreimal wöchentlich erfolgen – über einen längeren Zeitraum hinweg, vielleicht sogar über mehrere Jahre."

Der Professor überlegte eine Weile. „Aber eine Behandlung allein genügt meiner Meinung nach nicht. Was Ihre Tochter braucht, ist eine fürsorgliche, friedliche, liebevolle, ganz normale Familie, in der auch noch andere Kinder ihres Alters sind, und Bezugspersonen, die sich liebevoll um sie kümmern und auf sie eingehen. Wenn sie hier in ihrer alten Umgebung bliebe, würden die seelischen Spannungen wohl immer wieder zum Durchbruch kommen."

„Eine solche Familie kann ich Alice leider nicht bieten", erwiderte Alfs Stiefvater mit einem bitteren Unterton in der Stimme. „Meine Ehe ist . . . nun, meine Ehe ist nicht sehr glücklich. Meine Frau und ich leben sozusagen getrennt, wir sehen uns nur selten. In Wien führe ich ein Junggesellenleben. Ich habe viele berufliche und gesellschaftliche Verpflichtungen, bin oft auf Reisen. Bei mir würde Alice nicht das finden, was sie braucht."

Tante Lily hob den Kopf. „Und wie wär's mit Dietrich?" fragte sie.

„Dietrich!" wiederholte Alfs Stiefvater langsam. Plötzlich hellte sich sein Gesicht auf. „O ja, das ist keine schlechte Idee!"

Er wandte sich wieder dem Professor zu. „Mein Bruder Dietrich lebt nicht allzu weit von Wien entfernt auf dem Land, wissen Sie. Er hat selbst zwei Kinder und eine reizende Frau. Sie haben ein hübsches Haus, eine ehemalige Mühle, und . . ." Er verstummte und überlegte kurz. „Ja, das könnte wirklich eine Lösung sein! Vielleicht wären mein Bruder und meine Schwägerin bereit, Alice aufzunehmen – wenigstens solange sie in Behandlung ist, für ein oder zwei Jahre. Dann kann man weitersehen. Ich könnte Alice ja dort abholen und zur Behandlung nach Wien bringen, sooft ich Zeit finde. Und meine Schwägerin fährt ja auch öfter in die Stadt, sie gibt Zeichenunterricht in einer Schule."

„Und Ihre Frau? Meinen Sie, daß sie damit einverstanden wäre, sich von ihrer Tochter zu trennen?"

Alfs Stiefvater preßte die Lippen aufeinander. „Sicher", sagte er. „Ich werde sie schon davon überzeugen, daß es notwendig ist."

„Nun, das klingt ja alles ganz vielversprechend", meinte Professor Schurrmann. „Fast jedes Problem läßt sich irgendwie lösen, wenn man es klar erkennt und sich damit auseinandersetzt. Ich würde Ihnen raten, die Sache so schnell wie möglich in die Hand zu nehmen. Je rascher Ihre Tochter von hier fort und in Behandlung kommt, um so besser. Dann wird es sich zeigen, ob ich recht hatte. Wenn ja, müßte der Poltergeist-Spuk ein Ende haben. Wenn nein . . . Nun, wir wollen abwarten."

Ich war in einer seltsamen Verfassung. Es kam mir fast vor, als würde das alles nicht wirklich geschehen, als wäre es ein Traum – die Unterhaltung in dem dämmrigen Raum, die raschen Entschlüsse, die scheinbare Lösung des Rätsels. Natürlich war ich erleichtert, daß wir wenigstens eine Erklärung für den Spuk gefunden hatten – wenn sie auch noch geheimnisvoll genug war und außerhalb der Grenzen meines Verstandes lag.

Ich begriff, was um mich her gesprochen wurde, und die Deutung der Ursachen erschien mir einleuchtend; teilweise wenigstens. Doch es blieben so viele Fragen offen; Fragen, die wohl immer ungelöst bleiben mußten. Die Zeit würde zeigen, ob Professor Schurrmann mit seinen Vermutungen recht hatte. Wahrscheinlich würde es so kommen, wie er glaubte: Alice würde fort sein, und auf Schloß Uhlenau würde wieder Ruhe einkehren. Und trotzdem, dachte ich, begreife ich es nicht. Und ich werde es wohl auch nie wirklich begreifen.

19

Fast ein Jahr ist seit diesem Gespräch in der Bibliothek von Schloß Uhlenau vergangen, und wieder ist Sommer.

Ich sitze im Zug. Rosenheim liegt hinter uns, und bald werden wir in Salzburg sein. Draußen ist alles grün. Die Sonne liegt leuchtend auf den blühenden Wiesen und Berggipfeln, und Vögel kreisen am Horizont. Ich fahre wieder nach Uhlenau zu meinem Bruder – und zu Jörg.

Jörg ... Ich denke an die Osterferien, als er und Alf mich für zwei Wochen in Freiburg besuchten, und ein warmes Glücksgefühl steigt in mir auf. In weniger als einer Stunde werde ich ihn wiedersehen.

Ich lehne mich ins Polster zurück und schließe die Augen. Jetzt kann ich ohne Angst nach Uhlenau fahren. Das Schloß hat seine Schrecken für mich verloren. Nun ist es nicht mehr als ein verträumtes und ein bißchen komisches altes Jagdschloß. Seit Alice, die Kleine, bei der Familie ihres Onkels in der ehemaligen Mühle vor Wien lebt, ist der Poltergeist-Spuk vorüber. Keine Puppen sind mehr zerbrochen, keine Lampen geplatzt, keine Kartoffeln und Kohlen durch die Luft geflogen, und nachts erwacht niemand mehr von einem unheimlichen Klopfen an der Tür.

Alice ist auf dem besten Weg, ein ganz normales, fröhliches kleines Mädchen zu werden. Nach anfänglichen Schwierigkeiten hat sie sich inzwischen gut in der alten Mühle eingelebt. Sie bekommt zwar noch manchmal Wutanfälle, geht aber friedlich zur Schule, spielt mit ihrem Vetter und ihrer Cousine und wird zweimal wöchentlich von einem Kindertherapeuten in Wien behandelt.

„Alice geht es gut. Ich habe sie kürzlich besucht, als ich in Wien war", hatte Alf noch vor einem Monat geschrieben. „Sie ist kein kleines Monster mehr, und die Fähigkeit, es spuken zu lassen, hat sie offenbar verloren. Kein schlimmer Verlust, würde ich sagen ..."

Ich schlafe ein und träume vom Uhlsee. Wir schwimmen durch das blaue, klare Wasser, Alf, Jörg und ich. Jörgs Gesicht ist dem meinen sehr nahe. Wir küssen uns.

Ein Ruck geht durch meinen Körper, und ich schrecke hoch. Der Zug fährt in einen Bahnhof ein. Wir sind in Salzburg!

Verwirrt springe ich auf, ziehe das Fenster herunter und beuge mich hinaus. Langsam zuckeln wir zwischen den Bahnsteigen entlang. In der Ferne steht eine Gruppe von Menschen.

Schon werden die Gesichter deutlicher. Ich sehe jemanden mit einer Stange in der Hand, an der ein Plakat befestigt ist. Es ist Jörg, und neben ihm steht Alf.

Ich beuge mich weiter hinaus und winke heftig. Jetzt haben sie mich entdeckt. Ihre Gesichter strahlen. Jörg schwenkt das Plakat und hebt es höher, damit ich es sehen kann.

„Willkommen, Juli-e!" steht darauf.

Deckelbild und Illustration: Haidrun Gschwind
Redaktion: Helga M. Wegener
Bestellnummer: 8170

München–Wien
ISBN 3 505 08170 1

Spannende SchneiderBücher von Ursula Isbel:

HABE ICH		WÜNSCHE ICH MIR
	Das Haus der flüsternden Schatten (Romantik-Thriller) Unheimliche Ereignisse in einem Landhaus	
	Das schwarze Herrenhaus (Romantik-Thriller) Wer ist der geisterhafte junge Mann?	
	Nacht über Uhlenau (Romantik-Thriller) In dem alten Schloß spukt es	
	Der siebzehnte Sommer Rachel wird erwachsen	
	Warte, bis es dunkel ist Gespenster im schwedischen Pfarrhaus	
	Reiterhof Dreililien (Band 1) Das Glück dieser Erde	
	Reiterhof Dreililien (Band 2) Die Tage der Rosen	
	Reiterhof Dreililien (Band 3) Der Frühling des Lebens	
	Humstibumsti (Für jüngste Leser in Schreibschrift) Ein kleiner Kobold findet einen Freund	
	Neue Tiergeschichten (Für jüngste Leser in Schreibschrift) Drei einfühlsame Geschichten über die Freundschaft mit Tieren	

Deine Wunschliste bitte hier ausschneiden.